ベターホームの
肉料理

お肉を食べて元気いっぱい

ダイエットや生活習慣病の対策で、とかく肉は悪者にされがちですが、これは大きな誤解です。高齢化の現代ではかえって、食事の肉不足も問題です。

肉は良質のたんぱく源

ごぞんじのとおり、体の組織やホルモンなどをつくる主な栄養素はたんぱく質です。免疫力を維持したり、老化を防止したりする働きもあります。さまざまな食品からとれますが、肉や魚からは、体内で合成できない必須アミノ酸をバランスよく含む「良質なたんぱく質」がとれます。

たんぱく質は大人で1日50〜60gは必要です。料理1品で約80〜100gの肉を食べると、15〜20gくらいのたんぱく質がとれることになります。

脂肪はいろいろな食品からとる

脂肪はエネルギー源であり細胞の主成分でもあるので、適量なら体には欠かせないものです（脂肪の一種コレステロールも同じ）。体に必要な脂肪の成分は種々あるため、肉、魚、植物油などからバランスよくとる必要があります。ところが実際は、油っこい料理や加工食品、スナック菓子やケーキなどから目に見えない脂肪をとりすぎたり、偏ってとったり、そのうえ運動不足が重なって、肥満や生活習慣病になってしまいがち。肉のとりすぎだけが原因ではありません。

また、肉や魚の脂肪は脳の働きを正常に保つのに役立っています。歳をとると脳の働きが低下してきますが、その原因のひとつは、脳や血液の脂肪中のアラキドン酸（ARA）やドコサヘキサエン酸（DHA）の減少です。肉の脂肪や卵にはARAが、魚の脂肪にはDHAが豊富に含まれます。

見逃せない栄養素も

豚肉にはビタミンB_1が豊富に含まれます。ビタミンB_1は糖質をエネルギーに変えるときに必要で、疲労を回復する効果もあります。不足すると、糖質はエネルギーにならずに脂肪となって太る原因となり、脳や神経の働きが鈍ったりもします。

牛肉の赤身や、牛・豚・とり肉の内臓、特にレバーには、ビタミンAはじめ各種のビタミン類や、鉄などのミネラルがたっぷり。鉄は体への吸収率がよいヘム鉄で、貧血予防に役立ちます。また不足すると味覚障害をまねく亜鉛も豊富です。

とり肉は、骨や皮つきで料理に使えば、コラーゲン（たんぱく質の成分のひとつ）がとれ、骨粗しょう症を予防し、若い肌を保ちます。

長生きの秘訣

元気なお年寄りは肉好きな方が多いようです。昔に比べて寿命がのびた理由のひとつは、肉や油脂をとるようになったため。ごはんや炭水化物中心の粗食では、老化を早め、病気になりがちです。低たんぱく状態だと血中アルブミン値が低下しますが、長生きする人はこのアルブミン値が高いことがわかっています。元気で長生きするには、野菜とともに、肉や魚のたんぱく質や脂肪をきちんととることが大切です。

牛肉と豚肉の料理

牛肉の特徴と使い方 … 12
豚肉の特徴と使い方 … 14
牛肉と豚肉の調理のコツ … 16

ステーキ
牛肉
ガーリックステーキ／ステーキサラダ … 18
ガーリックステーキライス … 19
和風ステーキ … 20
ステーキ マスタード風味 … 21

焼き肉
牛・豚
焼き肉ののっけ盛り／ビビンバ … 22
プルコギ … 24
タンのねぎ塩焼き … 25
手巻きカルビ／花盛りカルビ丼 … 26
豚トロのグリル焼き　さっぱりナムル添え … 28
肉とだいこんの焼き肉だれ … 29

とんカツ肉の料理
豚
豚肉のみそ漬け焼き … 30

豚肉
和風ポークソテー　おろしぽん酢がけ … 31
とんカツ肉のトマトバジルソース … 32
とんカツ … 33
台湾風肉ライス … 34
ポークケチャップ … 35
豚肉のガーリックきのこ味 … 36
ポークソテー　りんごソース … 37

豚ヒレ肉の料理
豚ヒレ肉のポットロースト … 38
ヒレ肉のミラノ風カツレツ … 40
ヒレ肉のマヨネーズ焼き … 41
ひと口ヒレ肉のピカタ … 42
豚ヒレ肉の甘酢がけ … 43
やわらか酢豚 … 44
揚げ豚のにんにくじょうゆ漬け … 45

かたまり肉の料理
牛肉のたたき　香味漬け／カルパッチョ仕立て … 46
ビーフシチュー／パイ包み焼き … 48

薄切り肉の料理

- 牛すね肉の赤ワイン煮こみ … 50
- 豚肉といちじくの赤ワイン煮 … 51
- みそ煮豚 … 52
- ラフテー … 53
- 角煮 … 54
- ゆで豚 … 56
- 塩豚のハム／塩豚の焼き肉 … 58
- スペアリブカレー … 60
- スペアリブのバーベキューロースト … 62
- スペアリブのゆず茶煮 … 63
- 豚肉のしょうが焼き … 64
- 豚肉のみそだれ焼き … 65
- 豚肉のめんつゆ焼き … 66
- 豚肉と野菜のグリル 中華だれ … 67
- 豚肉のカリカリソテー マスタードドレッシング … 68
- 薄切り肉の梅しそ巻き … 69
- 豚肉とキャベツの甘辛いため … 70
- 豚肉とたまねぎのケチャップいため … 71
- 豚肉とトマトの辛味いため … 71
- ゴーヤチャンプルー … 72

- 豚肉のキムチいため … 73
- 豚となすのみそいため … 74
- 豚肉と野菜の揚げびたし … 75
- とん汁 … 76
- たっぷり野菜冷しゃぶ … 78
- 冷しゃぶ肉と野菜の枝豆かんてんソース … 79
- 豚しゃぶ肉と野菜の蒸し煮 … 80
- ヤム・ヌア（タイ風牛肉サラダ） … 81
- 薄切り牛肉の重ね焼き 野菜ソース … 82
- 薄切り牛肉のバターじょうゆ焼き … 83
- 薄切り牛肉の包み焼き … 84
- 青椒肉絲（チンジャオロースー） … 85
- かぶ入り肉どうふ … 86
- すき焼き … 87
- すき煮 … 88
- 肉じゃが … 89
- 牛肉の卵とじ … 90
- 牛丼 … 90
- 牛肉のしぐれ煮 … 91
- ビーフストロガノフ … 92
- 牛肉のタイ風カレー／タイ風ひき肉サラダ … 94
- ハヤシライス … 94

とり肉の料理

とり肉の特徴と使い方 … 96
とり肉の調理のコツ … 98

オーブン焼き
丸どりのローストチキン … 100
タンドリーチキン … 102
骨つきもも肉の照り焼き … 104

揚げる
とり肉
ささみのチーズ巻きフライ … 105
とりのから揚げ 香味だれ/油淋鶏(ユーリンチー) … 106
竜田揚げ … 108
とり肉の塩から揚げ … 109
揚げどりのゆず風味 … 110
手羽先揚げの香味じょうゆ … 111

焼く・いためるなど
チキンスペアリブの南蛮漬け … 112
とり肉のあぶり焼き … 113
とりのハーブ風味焼き … 114
とりのはちみつレモン焼き … 115
とり肉のガーリック焼き … 116
チキンのピザ風蒸し焼き … 117
ささみとアスパラのいためもの … 118
とりのカシューナッツいため … 119
蒸しどりの南蛮漬け … 120
とり肉の中国風鍋照り … 121
とりの甘みそ照り焼き … 122

煮る・ゆでるなど
とりの照り煮 ゆず風味 … 123
とりの照り煮小丼 … 123
とり肉とさといものあっさり煮もの … 124
とりとさつまいもの煮もの … 125
とり手羽の酢煮 … 126
とりの水炊き … 127
きりたんぽ鍋 … 128
ささみの梅肉だれ … 130
ささみとみず菜のみそマヨサラダ … 130
棒々鶏(バンバンジー) … 131

ひき肉の料理

ひき肉の特徴と使い方 …… 142
ひき肉の調理のコツ …… 143

- ささみの酸辣湯(サンラータン) …… 132
- とり肉のフォー …… 133
- シンガポール風チキンライス …… 134
- チキンカレーピラフ …… 135
- とり肉のスープカレー …… 136
- とり肉と新じゃがのスープ煮 …… 137
- とり肉の赤ワイン煮こみ …… 138
- とり肉のトマト煮 …… 139
- とり肉のホワイトシチュー …… 140

ハンバーグ

- ハンバーグ …… 144
- 直焼きハンバーグ …… 145
- あんかけハンバーグ …… 146
- ハンバーググラタン …… 147
- とうふハンバーグ …… 148

肉だんご

- パプリカのハンバーグ詰め …… 149
- フライパン焼きミートローフ …… 150
- グリーンメンチカツ …… 151
- ミニロールキャベツ …… 152
- つくねの照り煮 …… 153
- 肉だんご／肉だんごの酢豚 …… 154
- 肉だんごと春雨(はるさめ)のスープ …… 156

ソース・そぼろなど

- ミートソーススパゲティ／ピザトースト …… 158
- 肉みそごはんのレタス包み／担々(タンタン)麺 …… 160
- とりそぼろ丼 …… 162
- ドライカレー …… 163
- ひき肉入りオムレツ …… 164
- ひき肉となすのいためもの …… 165

点心

- ぎょうざ／羽根つきぎょうざ …… 166
- ポークしゅうまい …… 168

内臓・鴨肉・ラム肉・ソーセージ類の料理

内臓など
- レバーとにんにくの芽のいためもの ……… 170
- レバーと生揚げのみそいため ……… 171
- レバーソテー ……… 172
- 砂肝とごぼうのしぐれ煮 ……… 173
- もつ煮・すじ煮こみ ……… 174

鴨肉
- 鴨のオレンジソース ……… 175
- 鴨の治部煮 ……… 176
- 鴨の焼き漬け ……… 176
- 鴨とみず菜のはりはり鍋 ……… 177

ラム肉
- ラムチョップの和風グリル焼き ……… 178
- ラムチョップのバーベキュー味ソテー ……… 179

ソーセージ類
- フランクフルトと豆のポトフ ……… 180
- ウィンナーとポテトのミルク煮 ……… 181
- ソーセージのタンドリー風 ……… 181
- オープンオムレツ ……… 182
- 生ハムとマスカルポーネのパスタ ……… 182
- ベーコン巻きアスパラフリット ……… 183
- ベーコン巻きプラム ……… 183

*

- スープのとり方 ……… 184
- 肉の保存のコツ ……… 186
- カロリーダウンの6つのコツ ……… 188

一部 料理別索引

ごはん・めん・パスタ

- ガーリックステーキライス … 19
- ビビンバ … 22
- 台湾風肉ライス … 34
- スープ麺 … 57
- スペアリブカレー … 60
- 牛丼 … 90
- ビーフストロガノフ … 91
- 牛肉のタイ風カレー … 92
- ハヤシライス … 94
- とりの照り煮小丼 … 123
- とり肉のフォー … 133
- シンガポール風チキンライス … 134
- チキンカレーピラフ … 135
- とり肉のスープカレー … 136
- ミートソーススパゲティ … 158
- 肉みそごはんのレタス包み／担々麺(タンタン) … 160
- とりそぼろ丼 … 162
- ドライカレー … 163
- 生ハムとマスカルポーネのパスタ … 182

汁もの・鍋もの

- とん汁 … 75
- すき焼き … 86
- とりの水炊き … 127
- きりたんぽ鍋 … 128
- ささみの酸辣湯(サンラータン) … 132
- 肉だんごと春雨(はるさめ)のスープ … 153
- 鴨とみず菜のはりはり鍋 … 177

つけ合わせの野菜料理

- かんたんナムル（もやし、ほうれんそう、にんじん） … 23
- 長いもとりんごのナムル … 28
- 野菜いため（チンゲンサイ） … 34
- オレンジとセロリのマリネ … 39
- ラタトゥイユ（たまねぎ、なす、ピーマン、トマト） … 42
- かんたんコールスロー（キャベツ、にんじん） … 59
- 野菜いため（ししとうがらし、ねぎ、セロリ、しめじ） … 64
- 野菜いため（キャベツ、ピーマン） … 66
- インド風野菜サラダ（たまねぎ、ミニトマト） … 102
- 野菜入りスパゲティ（キャベツ、にんじん） … 149

この本の特徴と使い方

調理時間
作り始めからできあがりまでの時間です。つけおき時間、炊飯時間などを除く場合は、表示しています。

日もち
特に記してあるもの以外は、加熱調理した料理の日もちの大まかなめやすです。諸条件でもちは変わるので、色やにおいを確認してください。
冷凍の場合、つけ合わせなどの野菜は除きます。

材料分量
基本は2人分量ですが、料理によっては4人分などもあります。

エネルギー
特に記述のない場合は、1人分のエネルギー(kcal)です。
5訂増補日本食品標準成分表をもとにし、豚肉は大型種脂身つき、牛肉は乳用肥育牛(国産牛のこと)脂身つきを、とり肉は若鶏をベースにした値です。
部位を限定しない料理は、代表的な部位のカロリーをあげています。

献立例
味や栄養のバランスを考えました。献立作りの参考に。

ポイント
肉の扱いや調理の肝心なところを写真でピックアップしています。確認しながら作れます。

この本の表記について

計量器	大さじ1=15ml　小さじ1=5ml カップ1=200ml (米用カップ1=180ml) ＊ml=cc	だし	「かつおのだし」をさします。
電子レンジ	加熱時間は500Wのめやすです。600Wなら、0.8倍にしてください。	スープの素	「固形スープの素」「スープの素」「中華スープの素」を使っています。固形スープの素とスープの素は、ビーフ、チキンなどお好みで。中華スープの素はチキンスープで代用できます。
オーブン温度	加熱温度は一般的電気オーブンのめやすです。ガスオーブンの場合は、10℃くらい低くしてください。	フライパン	フッ素樹脂加工のフライパンを使っています。鉄製のフライパンを使う場合は、油の量を倍にしてください。

牛肉と豚肉の料理

と 牛肉の特徴と使い方

料理に合った部位を上手に使いたい

牛肉は部位によってかたさや味などの肉質が異なります。やわらかいのはヒレ、リブロース、サーロイン、次いでランプ肉。ややかためは、ばら、もも、肩ロース肉。やわらかいのは肩やすね肉ですが、煮こむとやわらかくなります。牛肉は値段も高いので、料理に適したものを買って、おいしくムダなく食べましょう。

ランプ
やわらかい赤身
ヒレ肉やサーロインに続く、腰の部分のやわらかで上質な赤身肉。

ヒレ肉
やわらかい
脂肪が少なくてきめが細かく、とてもやわらかな赤身。油やバターで調理するとコクが出ておいしくなる。加熱しすぎるとかたくなるので、煮こみ料理にはもったいない。

もも肉
ややかための赤身
ややきめが粗い赤身肉。ステーキではヒレやサーロインよりかため。コラーゲンも少ないため、長く煮こむとかたくなる。

ばら肉
脂肪多め
ろっ骨周辺の肉で、脂肪が層を成し、こってりとした味。韓国ではばら肉を「カルビ」というため、焼き肉用肉はその名が使われる。

焼き肉用カルビ

すね肉
かたい
ふくらはぎの肉で筋肉や腱が多くてかたいが、長く煮こむとやわらかくなる。カレーやシチュー用の肉として切って売られている。

牛肉の目利き

よいものはつややかでしまりがあり、脂肪は乳白色、肉色は部位によって異なるが、一般に鮮やかな紅色で、鮮度が落ちると黒っぽくなる。切った面が空気にふれていなかった場合も黒っぽいが、少ししおけば鮮やかになる。ロース部分の「霜降り」は、脂肪が細かく均一に入っているものが上等。

料理に合った部位選び

カレー、シチューなどの煮こみ料理
すね肉、肩肉、肩ロースなどの筋肉が多い部分の肉が向きます。筋肉に含まれるコラーゲンが長く加熱されるとゼラチンに変わり、脂肪も溶け出して、やわらかくなります。

焼き肉、すき焼き
肩ロース、リブロース、ばら肉など、脂肪がある部位のほうが、うま味があります。カロリーを気にする場合はもも肉で。

ステーキ
サーロイン、リブロースは脂肪の入り具合や肉質がよく、多くはステーキ用として売られます。ヒレ肉、ランプ肉もやわらかく希少なためステーキ用が多い。

ローストビーフ・たたき
ヒレ、ももなどの赤身肉が向いています。

肩ロース肉
ややかため
脂肪が適度にあり、ややかためだがうま味がある。すき焼き、カレーなどいろいろな料理に使える。

ステーキ用

リブロース・サーロイン
やわらかい
肩側がリブロース（ロース）、腰側がサーロイン。きめが細かく上質な肉でステーキで食べるとおいしい。脂肪が網目状に細かく入る「霜降り」になりやすい部分。

肩肉
かため
かための赤身肉で脂肪は少ない。コラーゲンが多く、長く煮こむとやわらかくなるため、カレーやシチュー用肉として売られている。

レバー
牛の内臓は特有のにおいがある。レバーはビタミンA、B2、鉄分が豊富。鮮度のよいものを求める。

切り落とし肉
いろいろな部位を集めた、形のそろっていない薄い肉のこと。切り落としでも牛肉の味は変わらないため、活用するとお得。

豚肉の特徴と使い方

安価で幅広く使えて、ビタミンB₁も豊富の優等生

ふだんのおかずにいちばん使いやすいのが豚肉。銘柄豚も増え、味の選択肢が広がっているのもうれしいところです。栄養的には、豚肉は牛や鶏に比べてビタミンB₁を約10倍も多く含みます。

ロース肉
やわらかい

外側に白い脂肪がある。肉のきめが細かくてやわらかく、値段も高め。かたまり肉、とんカツ用肉、しゃぶしゃぶ肉といろいろな厚さで売られ、多くの料理に使える。

ヒレ肉
やわらかい赤身

豚肉の中でいちばんきめが細かくてやわらかい。脂肪が少ないため、長く加熱するとパサつき、煮こみ料理には不向き。あっさりした味で、油やバターで調理するとコクが出る。かたまりやひと口カツ用で売られている。

もも肉
ややかための赤身

脂肪が少ない赤身のため、加熱しすぎるとかたくパサつく。かたまり肉が、肩ロースと並んで売っているので間違えやすいが、もも肉は煮こみ料理よりも焼き豚に。

スペアリブ
脂肪多め

ろっ骨部分で骨の間に肉がついているばら肉。肉の味がよく骨のうま味が出る。煮こみ料理などに。

ばら肉
脂肪多め

赤身と脂肪が交互に3層くらいに重なっている部分で「三枚肉」と呼ばれる。焼き肉の「カルビ肉」は脂肪の多いこのあたりの肉。脂肪が多い分コクがあり、長く煮ると脂肪が溶けてやわらかくなる。ベーコンに加工される。

豚肉の目利き

よいものはきめが細かくつややかで、肉は淡いやや灰色がかったピンク色、脂肪は白くしまっている。鮮度が落ちると肉は灰色が増し、脂肪は黄色みがかってやわらかくなる。

料理に合った部位選び

煮豚・角煮
かたまりの肩ロース、ばら肉（三枚肉）をよく使います。筋肉に含まれるコラーゲンが加熱でゼラチンに変わり、脂肪は溶け出して、やわらかく煮えます。ヒレ肉は筋肉も脂肪も少ないので、向きません。

とんカツ
とんカツ用の厚切りでよく売られているのは、脂肪があってコクのあるロース、肩ロース。ヒレやもも肉はひと口カツ用サイズで売られています。

しょうが焼き
適度に脂肪があるロース、肩ロースをやや厚めにスライスして売られています。

しゃぶしゃぶ
ロース、肩ロース、ばら、ももと各種あります。ももは加熱しすぎるとかたくなりがちです。

シチュー用

肩肉
かため
暗赤色の肉。肉質はかたいものの、コラーゲンが多いため、長く煮こむとやわらかくなる。カレーやシチュー用肉として売られている。

肩ロース肉
ややかため
赤身の中に脂肪が混ざってコクがあるが、きめはややあらい。かたまり肉から薄切り肉までさまざまな料理に使える。かたまり肉は煮こむとやわらかくなる。

レバー
牛のレバーよりもくせのない味。ビタミンA、B_2、鉄分が豊富。鮮度のよいものを求める（料理→p170〜）。

こま切れ肉・切り落とし肉
両方とも形のそろっていない薄切りの肉のことで、いろいろな部位が混ざっている。いためものやとん汁などに活用できる。

牛肉と豚肉の調理のコツ

下処理のコツ

筋を切る（筋切り）
加熱で筋が縮み、肉が縮んだりそり返ったりします。特に赤身と脂身の間にある大きな筋（赤線部分）は切っておきます。包丁の刃先でところどころを切ります。

肉をたたく
軽くたたいて肉の繊維をやわらかくしておくと、焼き縮みを防ぎ、火通りも口当たりもよくなります。たたいたあと手で軽く形を整えます。

形を整える
大きなかたまり肉の場合は、たこ糸やもめん糸を肉に巻いておくと、調理中の形くずれを防ぎます。また、切り分けたときも形がそろってきれいです。ネットつきの肉も売っています。

下味のコツ

肉を室温にする
冷蔵の肉は、下味をつける前に、肉の温度を室温にもどします。冷たいと味がつきにくく、ステーキなどは焼き時間がかかったり、加熱ムラができたりして、おいしく作れません。

下味つけの時間
塩、こしょうなら加熱の5分前程度でだいじょうぶ。かえって時間をおかないほうが肉汁が出てきません。スパイスやたれなど、味を肉によくしみこませたい場合は、肉にもみこんでから10分〜ひと晩、時間をおきます。

小皿に塩、こしょうを用意
塩、こしょうは事前に必要量を小皿にとりましょう。調味料容器を手で汚さずにすみ、使いすぎも防げます。塩、こしょうは肉の裏表に均一にふり、厚い肉なら手でもみこみます。薄切り肉なら片面にだけでもかまいません。

かたい肉は調味液につける
たんぱく質は酸性の調味料（酢・酒やワインなど）につけると保水性が高まってやわらかくなります。脂肪が少なくてかたそうな肉は、これらの調味料が入ったたれやドレッシングにつけておくと、少しやわらかくなります。

加熱のコツ

薄切り肉は広げて焼く
ひと手間ですが、広げて入れれば焼きムラもなくきれいに焼けます。だんご状にかたまってしまうと、味も見た目もいまひとつです。

アクはとる
肉をゆでたり、煮たりするとくさみや血などがアクとなって浮かんできます。汚れカスが残り、おいしくないので、ざっとすくいとります。

薄切り肉が鍋についたら
薄切り肉を鍋でいためると鍋にくっついてしまいがち。そんなときはあわてずに、鍋底をいったんぬれぶきんに当てます。鍋の温度が下がると肉がはがれやすくなります。肉に油をからめておいたり、フッ素樹脂加工の鍋を利用すると防げます。

ふたをずらして煮る
肉を煮る、ゆでるときは、肉のくさみが料理にこもらないように鍋のふたを少しずらしてのせるか、ふたをしないで煮ます。

表面を焼いてうま味を閉じこめる
ステーキ肉やとんカツ肉などを焼くときは、まず強火で周囲を焼きかためて中のうま味を閉じこめます。その後、火を弱めて中まで火を通します。

肉汁で火通り具合を見る
竹串を肉の中心に刺してみて、穴から透明の汁が出てくれば火が通っています。赤い肉汁ならまだです。

⬇ ガーリックステーキ

表面を焼きかためて
肉汁を閉じこめます

カロリー	1人分：130gとしてサーロイン591kcal　ランプ479kcal　もも428kcal		
調理時間	15分	日もち	当日
献立例	アスパラガスとトマトのサラダ・コンソメスープ・りんごのシャーベット		

➡ ステーキサラダ

野菜をメインにしたサラダ仕立てにすると、
少量の肉でも満足できてヘルシー。
しょうゆドレッシングなど
好みのソースを少しかけます。

ガーリックステーキライスの作り方

香ばしい焼き汁を、むだなくごはんの味つけに利用して

① クレソン1束の葉先を添え用にとりおき、残りは2cm長さに切ります。
② 作り方③のとおりにガーリックステーキを1枚分焼いて、仕上げにAの代わりに、酒・しょうゆ各大さじ1をからめます。肉をひと口大に切ります。
③ あいたフライパンにバター10gとごはん2膳分を加えていため、肉と切ったクレソンを混ぜます。

材料（2人分）

牛ステーキ肉＊	2枚（260〜300g）
塩	小さじ1/6
こしょう（あらびき）	少々
にんにく（薄切り）	1片（10g）
サラダ油	大さじ1/2
A ┌ バター	10g
└ ブランデー（またはワイン）	大さじ1

[つけ合わせ]

紫たまねぎ（輪切り）	50g
レタス（ちぎる）	50g
クレソン	1/4束
フライドポテト（冷凍・揚げる）	適量

＊サーロイン、リブロース、ランプ、ももなどお好みで。

作り方

① 肉は室温にもどしますⓐ。筋を切りⓑ、肉たたきやめん棒で肉を軽くたたきます。両面に塩、こしょうをふります。
② つけ合わせを用意しておきます。
③ フライパンに油とにんにくを入れて弱火でいため、少し色づいたらにんにくをとり出します。肉を入れ、最初強火で表面を焼きかためてから中火にし、片面を30秒〜1分30秒ずつ、好みの焼き具合に両面を焼きます。
④ 仕上げにAのバター半量を加え、溶けたらブランデーを加え、傾けて火を入れて、コンロの火は止め、アルコールをとばしますⓒ。
⑤ 盛りつけて残りのバターをのせ、にんにくを散らします。野菜とポテトを添えます。

ⓐ 肉は20〜30分おいて、室温に。冷蔵庫から出したてでは、均一な火通りには焼けない

ⓑ 脂肪と赤身がはっきり分かれている場合は、境目の筋を数か所切って、そり返りを防ぐ

ⓒ バターとブランデーで風味と香りをつける。火が入るのであわてずに消えるまで待つ。事前に念のためふたを用意すると安心

和風ステーキ

ステーキも、お箸で食べられるさっぱり味がみんな大好き

カロリー	1人分：サーロイン383kcal　もも258kcal　ヒレ234kcal
調理時間	15分
日もち	当日
献立例	やまいもの煮もの・塩もみキャベツ・はんぺんのすまし汁

材料（2人分）

- 牛ステーキ肉* ……… 2枚（200g）
- A ┌ 塩・こしょう …… 各小さじ1/6
- ごま油 …………… 大さじ1/2
- たまねぎ ………… 30g
- B ┌ 酒 …………… 大さじ3
　└ しょうゆ ……… 大さじ1

［薬味など］
- 花穂じそ ………… 4本
- ゆずこしょう …… 少々

＊サーロイン、ランプ、もも、ヒレなどお好みで。

作り方

① 肉は室温にもどします。

② たまねぎは薄切りにし、ふきんに包んで水にさらしてもみます。水気をきります。

③ 肉に筋があればところどころ切ります。肉たたきやめん棒で肉を軽くたたきます。肉の両面にAをふります。

④ フライパンにごま油を熱して肉を入れ、最初強火で表面を焼きかためてから中火にし、片面を30秒～1分30秒ずつ、好みの焼き具合に両面を焼きます。

⑤ あいたフライパンにBを入れて、ひと煮立ちさせます。

⑥ 肉をひと口大に切って盛り、⑤をかけ、たまねぎ、穂じそをのせ、ゆずこしょうを添えます。

ステーキ マスタード風味

最初に強火で肉の表面を焼きかためると肉汁が出ず、おいしい

カロリー	1人分：サーロイン580kcal　ランプ468kcal　もも417kcal
調理時間	20分
日もち	当日
献立例	せん切りレタスのサラダ・さやえんどうのスープ

材料（2人分）

- 牛ステーキ肉＊……2枚（260g）
  - 塩……小さじ1/4
  - こしょう……少々
- サラダ油……小さじ1
- ［マスタードソース］
  - 白ワイン……カップ1/4
  - バター……10g
  - 粒マスタード……大さじ1
  - しょうゆ……大さじ1/2
- ［つけ合わせ］
  - じゃがいも……1個（150g）
  - にんじん……1/4本（50g）
  - ブロッコリー……100g
- A ▢ 水…500ml／塩…小さじ1/2

＊サーロイン、ランプ、ももなどお好みで。

作り方

① 肉は室温にもどします。

② じゃがいもとにんじんはひと口大に切り、ブロッコリーは小房に分けます。

③ Aの塩水で、じゃがいもとにんじんを7分ほどゆで、竹串が通るくらいになったら、ブロッコリーを加えて、1～2分ゆでてざるにとります。

④ 肉に筋があればところどころ切ります。肉たたきやめん棒で肉を軽くたたきます。両面に塩、こしょうをふります。

⑤ フライパンに油を熱して肉を焼きます。最初強火で表面を焼きかためてから中火にし、片面を30秒～1分30秒ずつ、好みの焼き具合に両面を焼きます。野菜とともに盛りつけます。

⑥ フライパンの油をふき、ワイン、バターを入れて20～30秒煮つめ、粒マスタード、しょうゆを加えて火を止めます。肉にかけます。

⬇ 焼き肉ののっけ盛り

少量の焼き肉なら、野菜と一緒に食べるのがおすすめ。
肉を焼くのはフライパンでもグリルでも

焼き肉

牛・豚

カロリー	1人分：牛カルビ（ばら）569kcal　牛肩ロース433kcal　牛もも324kcal　豚肩ロース368kcal		
調理時間	20分	日もち	当日
献立例	トマトとたまねぎのサラダ・とうふのスープ		

➡ ビビンバ

焼き肉とナムル（→作り方p23）を
合わせて丼にしてみては。
糸とうがらしを飾ると本格的です。

かんたんナムルの作り方

本来は野菜ごとに味を違えますが、簡略にして手軽に

材料（2人分）
- もやし……100g
- ほうれんそう……100g
- にんじん……1/4本(50g)
- A
  - すりごま(白)……大さじ1・1/2
  - ごま油……大さじ1/2
  - 塩……小さじ1/6
  - コチュジャン……小さじ1/2
  - 砂糖・しょうゆ……各少々
- 酢……小さじ1/2

作り方
1. にんじんは4cm長さのせん切りにします。
2. 500mlの湯をわかして塩小さじ1/2（材料外）を入れ、もやし、にんじんを順にゆでてとり出します。続いてほうれんそうもゆで、4cm長さに切ります。
3. Aを合わせ、1/3量をとり分けて酢を加えてにんじんをあえます。残りのAで、もやしとほうれんそうをそれぞれあえます。

材料（2人分）
- 焼き肉用牛肉＊……200g
- サラダ油……大さじ1/2
- ［焼き肉だれ（甘口）］＊＊
  - 砂糖……大さじ1/4
  - しょうゆ……大さじ2
  - 酒……大さじ1
  - ごま油……大さじ1/2
  - すりごま(白)……小さじ1
  - コチュジャン……小さじ2
  - にんにく……小1片(5g)
  - りんご……1/6個(50g)
- ［野菜］
  - もやし……200g
  - ピーマン(1個を赤にしても)……2個(80g)
  - 塩・こしょう……各少々

＊ばら肉のカルビ、もも、肩ロース、ショートリブなど。豚肉でも。
＊＊辛口はp27をごらんください。

作り方
1. たれのにんにくとりんごをすりおろし、焼き肉だれの材料を合わせます。
2. 肉にたれをもみこみ ⓐ、10分以上おきます。
3. ピーマンは細切りにします。フライパンに油大さじ1/2を熱し、ピーマンともやしをいため、塩、こしょうをふって、皿にとり出します。
4. ［**フライパンで焼く場合**］続いて肉をひと並べずつ焼き、量が多ければ分けて焼きます。強火で両面を焼きます。
   ［**グリルで焼く場合**］たれがこげやすいので、強めの中火でようすを見ながら焼きます。
5. 野菜の上に肉を盛りつけます。

上級肉ならそのまま焼きたいもの。手ごろな肉なら下味をつけて食べるとよい。

ⓐ たれをよくもんで味をつけ、肉の繊維もやわらかくする

プルコギ

野菜たっぷり、韓国版のすき焼きです

カロリー	1人分：牛カルビ(ばら)476kcal　牛肩ロース374kcal　牛もも292kcal　豚肩ロース325kcal
調理時間	20分
日もち	当日
献立例	冷や奴・なすの煮びたし

材料（2人分）

- 牛薄切り肉(肩ロース、ももなど) ……… 150g
- たまねぎ ……… 1/2個(100g)
- にんじん ……… 5cm(50g)
- にら ……… 1/2束(50g)
- ごま油 ……… 大さじ1/2

[たれ]
- にんにく(すりおろす) ……… 小1片(5g)
- コチュジャン ……… 小さじ1
- すりごま(白) ……… 大さじ1
- 砂糖 ……… 大さじ1/2
- しょうゆ ……… 大さじ1
- みりん ……… 大さじ1/2
- 酒 ……… 大さじ1/2
- ごま油 ……… 大さじ1/2

作り方

① ボールにたれの材料を合わせます。肉を5～6cm長さに切り、たれをもみこみ、10～15分おきます。

② たまねぎは約5mm幅に切り、にんじんは細切りに、にらは5cm長さに切ります。

③ 大きめのフライパンにごま油を熱し、中火でたまねぎとにんじんを軽くいためます。野菜を寄せて肉をたれごと入れ、強火でいためます。肉の色が変わったら、にらを加え、全体を混ぜて火を止めます。

point 野菜を端に寄せて肉をいため、肉のたれを野菜にもからめる

タンのねぎ塩焼き

さっぱりとした塩味と香ばしさで、ビールがすすむ

カロリー	1人分：牛タン235kcal　豚タン199kcal		
調理時間	20分	日もち	当日
献立例	チャプチェ・クッパ		

材料 （2人分）

- タン＊（薄切り）……………150g
- ごま油………………………小さじ1
- レモン………………………1/4個

[塩だれ]
- ねぎ（白い部分）………1/2本
- にんにく………………小1片(5g)
- 粗塩＊＊………………小さじ1/3
- 酒………………………大さじ1
- すりごま（白）…………小さじ1/2

＊牛タンでも豚タンでも作れます（写真左は豚タン）。豚タンは厚めに切ってあることが多く、歯ごたえがあります。

＊＊粒子の粗い塩がおすすめです。なければふつうの塩小さじ1/4にします。

作り方

① にんにくはすりおろします。ねぎは小口切りにし、半量はとりおいて、残りと塩だれの材料を合わせます。

② 塩だれの半量にタンをつけて10分ほどおきます。たれの残りはつけだれにします。

③ フライパンにごま油を熱し、タンを強火で焼きます（牛タンはさっと焼き、豚タンは両面を1分くらいずつ焼く）。

④ 皿に盛りつけて、とりおいたねぎを散らし、つけだれとレモンを添えます。

＊グリルで焼く場合は、網にごま油少々を塗って焼きます。

🔽 手巻きカルビ

カルビは脂っぽいので、生野菜で巻いて
さっぱりと食べましょう

焼き肉

牛・豚

カロリー	1人分：牛カルビ（ばら）535kcal　豚カルビ467kcal		
調理時間	25分	日もち	当日
献立例	ナムル・わかめスープ		

➡️ 花盛りカルビ丼

ボリューム満点のカルビ丼も、
野菜と一緒に食べましょう。
写真の野菜は、
しゅんぎく、ねぎ、パプリカ。

焼き肉によく使う 韓国食材

コチュジャンと粉とうがらし（右と中央）はたれなどの調味によく使い、糸とうがらし（左）は丼やあえもののトッピング、いためものなどに。

コチュジャンは甘辛いみそで、粉とうがらしは日本の一味とうがらしよりは辛さ控えめです。

右記の焼き肉だれの材料

材料 （2人分）

カルビ肉(牛・豚)	200g
サンチュ	6枚
ねぎ	10cm
ごま油	小さじ1

[焼き肉だれ(辛口)]＊

砂糖	大さじ1/2
しょうゆ	大さじ2
酒	大さじ1
ごま油	大さじ1/2
すりごま(白)	小さじ1
粉とうがらし	小さじ1/4
にんにく	小1片(5g)
たまねぎ	1/4個(50g)
ねぎ	3cm

＊甘口はp23をごらんください。

作り方

① たれ用のにんにくとたまねぎはすりおろし、ねぎ3cmはみじん切りにして、たれの材料を合わせます（たまねぎがすりおろしにくいようならみじん切りに）。

② 肉にたれをもみこみ、10分以上おきます。

③ [**フライパンで焼く場合**] ごま油を熱し、肉をひと並べし、強火で両面を焼きます。量が多ければ分けて焼きます。

[**グリルで焼く場合**] たれがこげやすいので、強めの中火でようすを見ながら焼きます。

④ ねぎは5cm長さのせん切りにします。サンチュで肉とねぎを包んで食べます。

point
家庭ではフライパン、グリル、ホットプレートなどで焼く。脂が落ちる凸凹焼き面のフライパンやホットプレートもある。フラットな面のフライパンなどでは、肉から出てくる脂をふきとるようにすると、脂でベタッとしない

焼き肉

豚トロのグリル焼き さっぱりナムル添え

外側をカリッと焼けば濃厚な肉の味が際立ちます

カロリー	1人分：282kcal
調理時間	25分
日もち	当日
献立例	いかの刺し身・きゅうりとラディッシュの即席漬け

材料（2人分）

- 豚トロ* …………… 150g
- ［塩だれ］
  - にんにく(すりおろす)…小1/2片(3g)
  - 粗塩** …………… 小さじ1/4
  - 酒 ……………… 大さじ1/2
  - ごま油 …………… 大さじ1/2
  - こしょう(粗びき) …… 少々
- ［長いもとりんごのナムル］
  - 長いも …………… 100g
  - りんご(または梨) …… 1/4個(70g)
  - A
    - 塩 …………… 小さじ1/6
    - 砂糖・酢・ごま油 …… 各小さじ1/2
- 糸とうがらし …………… 少々

＊豚の首部分の肉でトロのように霜降りのさしが入っていることから。

＊＊粒子の粗い塩がおすすめです。なければふつうの塩小さじ1/6にします。

作り方

① 塩だれの材料を合わせます。
② 肉に塩だれをもみこみ、10〜15分おきます。
③ ナムルの長いもとりんごは5cm長さほどの細切りにし、Aであえます。
④ グリルを温め、肉を焼きます。肉がカリッとするくらいまで焼くとおいしい。
⑤ ナムルを盛りつけて糸とうがらしをのせ、焼いた豚トロに添えます。好みで塩をつけても。

＊フライパンでも焼けます。脂が多いので油をひかずに焼けます。

牛・豚

肉とだいこんの焼き肉だれ

だいこんと肉の歯ざわりがよく合います。市販の焼き肉だれでささっと作れます

カロリー	1人分：肩ロース263kcal　ロース270kcal		
調理時間	15分	日もち	当日
献立例	とうふとわかめのサラダ・しいたけとねぎのみそスープ		

材料 (2人分)

- 豚しょうが焼き用肉*
  (肩ロース、ロースなど) ……150g
- だいこん** ……150g
- サラダ油 ……大さじ1/2
- A
  - ねぎ ……10cm
  - しょうが ……1かけ(10g)
  - 赤とうがらし ……小1/2本
- B
  - 酒 ……大さじ1/2
  - 焼き肉のたれ(市販またはp23・27) ……大さじ1・1/2
- いりごま(白) ……大さじ1/2

＊焼き肉用の肉など、少し厚めの肉が向きます。牛肉でも。
＊＊れんこん、長いもでもおいしい。

作り方

① だいこんは3～4mm厚さの輪切りにします（皮つきでも）。
② Aのねぎは小口切りに、しょうがはみじん切り、赤とうがらしは半分に切って種をとります。
③ 肉は長さを半分に切ります。
④ フライパンに油を熱し、だいこんを並べ入れ、強火で1～2分ずつ両面を焼いて少し焼き色をつけ、とり出します。
⑤ 続いて肉を広げて入れ、強火で両面を軽く焼きます。AとBを加えて全体を混ぜ、だいこんをもどして火を止めます。
⑥ 肉とだいこんを重ねて盛り、フライパンに残った汁もかけ、ごまをふります。

point
市販の焼き肉のたれで仕上げるから、とってもかんたん

とんカツ肉の料理

豚肉のみそ漬け焼き

週末に漬けておけば、平日は帰って焼くだけ

カロリー	1人分：ロース287kcal　肩ロース278kcal
調理時間	15分（つけおき時間は除く）
日もち	生肉を漬けた状態で4～5日
献立例	だいこんサラダ・ししとうの煮びたし

材料（2人分）

豚とんカツ用肉
（ロース、肩ロースなど）………2枚（200g）
みょうが………………………………2個
セロリ…………………………………1/2本
にんじん………………………………40g

［合わせみそ］
　みそ………………………………大さじ3
　みりん……………………………大さじ2

作り方

① 肉の筋を数か所切り、軽くたたいてから形を整えます。
② みょうがは縦半分に切ります。セロリとにんじんは、ひと口大に切ります。
③ みそとみりんを混ぜます（合わせみそ）。
④ 肉の全体に合わせみそを塗りつけ、ラップで包みます。野菜にも少量の合わせみそをつけ、水が出やすいので別のラップで包みます。ポリ袋に入れて冷蔵庫に1時間以上おきます。
⑤ グリルを温めます。みそをこそげとり、肉と野菜を弱～中火で焼きます。食べやすく切って盛りつけます。

＊フライパンで焼く場合も、こげやすいので弱～中火で焼きます。

point
みそ漬けといっても、少量のみそを塗るだけでOK

和風ポークソテー おろしぽん酢がけ

だいこんおろしでさっぱり食べられます

カロリー	1人分：ロース333kcal　肩ロース323kcal
調理時間	20分
日もち	当日
献立例	青菜と生揚げのさっと煮・かぼちゃのみそ汁

材料 (2人分)

豚とんカツ用肉
(ロース、肩ロースなど) ……… 2枚(200g)

A
- 塩 ……………………………… 小さじ1/4
- こしょう ……………………… 少々
- 酒 ……………………………… 大さじ1/2

かたくり粉 ……………………… 大さじ1
サラダ油 ………………………… 大さじ1/2

[ゆずおろし]
- だいこん ……………………… 200g
- みつば ……… スポンジ小1個分(10g)
- ゆずの皮* …………………… 1/8個分

B
- ゆずのしぼり汁 …… 大さじ1
- しょうゆ …………… 小さじ1

*ゆずの代わりにレモンやすだちにしても。

作り方

① 肉の筋を数か所切り、軽くたたいてから形を整えます。Aを順にふります。

② だいこんはすりおろし、ざるにとります。みつばは2cm長さに切り、熱湯をかけて水気をしぼります。ゆずの皮はせん切りにします。

③ Bを合わせます(ぽん酢しょうゆ)。

④ 肉にかたくり粉を薄くまぶします。フライパンに油を熱し、肉を中火で1～2分焼き、焼き色がついたら裏返し、弱火で1～2分焼いて火を通します。

⑤ 肉をひと口大に切って盛りつけます。②を合わせ、肉にのせてぽん酢しょうゆを添えます。

とんカツ肉のトマトバジルソース

トマトの酸味とうま味がきいたソースをたっぷり

カロリー	1人分：ロース362kcal　肩ロース352kcal
調理時間	20分　　　日もち　当日
献立例	かぼちゃとピーマンのグリル焼き・キャベツのスープ

材料（2人分）

豚とんカツ用肉
（ロース、肩ロースなど）……2枚（200g）
A ┌ 塩……………………小さじ1/3
　└ こしょう……………少々
小麦粉……………………大さじ1/2
オリーブ油………………大さじ1/2
白ワイン…………………大さじ1
レモン（1cm厚さの半月切り）……2枚

［トマトバジルソース］
　ミニトマト………………10個
　たまねぎ…………………1/4個（50g）
　バジル……………………2枝
　オリーブ油………………大さじ1/2
B ┌ 白ワイン…………大さじ2
　├ 塩…………………小さじ1/8
　└ こしょう…………少々

作り方

① 肉の筋を数か所切り、軽くたたいてから形を整えます。Aをふり、小麦粉をまぶします。
② たまねぎは薄切りにします。ミニトマトは半分に切ります。
③ フライパンにオリーブ油大さじ1/2を熱し、肉を中火で1～2分焼きます。焼き色がついたら裏返してワイン大さじ1をふって弱火にし、1～2分焼いて火を通します。とり出します。
④ 油大さじ1/2をたしてたまねぎをいため、しんなりしたらトマトを加えて軽くいため、Bを加えて火を止めます。バジルをちぎって加えます。
⑤ 肉を盛りつけて、④をかけ、レモンを添えます。

point 粉をつけて焼くとふっくらと焼け、ワインでさらにしっとりとやわらかく

とんカツ

肉の下ごしらえ次第で、とてもやわらかく揚がります

カロリー	1人分：ロース554kcal　肩ロース544kcal　ヒレ406kcal
調理時間	30分
日もち	冷蔵で翌日、冷凍で1～2週間
献立例	にんじんの煮もの・ぬか漬け・とうふとオクラの赤だし

材料 (2人分)

豚とんカツ用肉
（ロース、肩ロースなど）……2枚(200g)
塩……………………………小さじ1/6
こしょう……………………少々
揚げ油………………………適量

[フライ衣]
小麦粉………………………大さじ1
卵水（卵…1/2個＋水…大さじ1）
パン粉………………………カップ1/2 (20g)

[つけ合わせ]
キャベツ……………2～3枚分(200g)
にんじん……………………10g
トマト………………………1/3個
レモン………………………1/4個
とんカツソース(市販)……適量

作り方

① 肉の筋を数か所切り、軽くたたいてから形を整えます。
② 肉に塩、こしょうをふります。小麦粉、卵水、パン粉の順に、肉に衣をつけます。
③ キャベツはせん切りにし、水にさらしてパリッとさせ、水気をきります。にんじんもせん切りにし、トマトはくし形に切ります。
④ 揚げ油を中温（170℃）に熱し、肉をそっと入れます。両面を約2分ずつ、よい色に揚げます。
⑤ カツを切り分けて皿に盛り、③とレモンを添え、ソースをかけます。

point 「筋を切る」「たたく」のひと手間で、専門店のような仕上がりに

とんカツ肉の料理

台湾風肉ライス

人気の台湾風豚から揚げ料理。
ごはんの代わりに中華汁めんにのせても

カロリー	1人分：ロース642kcal　肩ロース632kcal
調理時間	30分
日もち	揚げた肉は、冷凍で1〜2週間
献立例	たけのこの煮もの・春雨ときのこの中華スープ

材料（2人分）

豚とんカツ用肉
（ロース、肩ロースなど）……2枚(200g)

A
- 酒・しょうゆ……各大さじ1/2
- 砂糖……小さじ1/2
- しょうが汁……小さじ1/2
- 五香粉（ウーシャンフェン）*……少々

小麦粉……大さじ1
揚げ油……適量

[あん]
- 水……カップ1/2
- 砂糖……大さじ3/4
- 酒・しょうゆ……各大さじ1
- かたくり粉……小さじ1
- スープの素……小さじ1/8

[つけ合わせ]
- チンゲンサイ……2株(200g)
- しょうが……小1かけ(5g)
- ごま油……小さじ1
- 塩・こしょう……各少々

温かいごはん……2膳分(300g)

作り方

① 肉の筋を数か所切り、軽くたたいてから形を整えます。Aを合わせて肉をつけ、10分ほどおきます。

② チンゲンサイは4〜5cm長さに切り、しょうがはせん切りにします。一緒に、ごま油でいため、塩、こしょうをふります。

③ 小鍋にあんの材料を合わせ、混ぜながら加熱してとろみがついたら火を止めます。

④ 肉の汁気をきって小麦粉をまぶします。揚げ油を高温（180℃）に熱し、肉の両面を1〜2分ずつ、色よく揚げます。食べやすく切ります。

⑤ 器にごはんをよそって、④といためたチンゲンサイをのせ、熱いあんを肉にかけます。

*五香粉は山椒、八角、桂皮、丁子、茴香（ういきょう）などの香辛料がブレンドされた中華の香辛料です。ない場合はこしょうをきかせます。

ポークケチャップ

懐かしい味わいが人気の洋食屋さん風。ポークチャップとも呼ばれます

カロリー	1人分：ロース361kcal　肩ロース351kcal
調理時間	15分
日もち	冷蔵で翌日
献立例	ポテトのコロコロサラダ・にんじんピラフ

材料（2人分）

豚とんカツ用肉
（ロース、肩ロースなど）……2枚（200g）
A〔 塩…小さじ1/8／こしょう…少々
小麦粉……………………大さじ1/2
サラダ油…………………小さじ1

[ケチャップソース]
たまねぎ……………1/2個（100g）
にんにく………………小1片（5g）
バター…………………5g
B〔 トマトケチャップ……大さじ3
　　白ワイン…………大さじ3

[つけ合わせ]
レタス、きゅうり、パイナップルなど
……………………………適量

作り方

① たまねぎは薄切りに、にんにくはみじん切りにします。Bは合わせます。

② 肉の筋を数か所切り、軽くたたいてから形を整えます。Aをふり、小麦粉をまぶします。

③ フライパンに油を熱し、肉を入れて、中火で1〜2分焼きます。焼き色がついたら裏返し、弱火で1〜2分焼いて火を通し、とり出します。

④ 続いてバターを溶かし、たまねぎ、にんにくをいためます。しんなりしたら肉をもどし、Bを加えてからめます。

⑤ 盛りつけ、野菜などをつけ合わせます。

豚肉のガーリックきのこ味

ごはんによく合う、にんにくじょうゆ味です

カロリー	1人分：ロース375kcal　肩ロース365kcal
調理時間	15分
日もち	当日
献立例	トマトときゅうりの酢のもの・さといものみそ汁

材料（2人分）

豚とんカツ用肉
（ロース、肩ロースなど）……2枚(200g)

A ┌ 塩……小さじ1/6
　└ こしょう……少々

小麦粉……大さじ1
サラダ油……大さじ1・1/2
万能ねぎ……2〜3本

[ガーリックきのこ]
しめじ……1パック(100g)
しいたけ……2個
にんにく……小1片(5g)
赤とうがらし……1/2本
塩・こしょう……各少々
しょうゆ……小さじ1

作り方

① しめじは小房に分け、しいたけは薄切りにします。

② にんにくは薄切りに、赤とうがらし（種をとる）と万能ねぎは小口切りにします。

③ 肉の筋を数か所切り、軽くたたいてから形を整えます。Aをふり、小麦粉をまぶします。

④ フライパンに油大さじ1/2を熱します。肉を中火で1〜2分焼き、焼き色がついたら裏返し、弱火で2〜3分焼いて火を通し、とり出します。

⑤ フライパンの汚れをふき、油大さじ1、にんにく、赤とうがらしを入れて弱火でいためます。香りが出たら、きのこを加えて中火で約2分いため、塩、こしょうをふり、最後にしょうゆを鍋肌から入れて香りをつけます。

⑥ 皿に⑤を盛りつけ、肉をひと口大に切ってのせます。ねぎを散らします。

ポークソテー りんごソース

豚肉と甘酸っぱいくだものは味の相性がよい組み合わせ

カロリー	1人分：ロース408kcal　肩ロース398kcal　ヒレ260kcal
調理時間	15分
日もち	当日
献立例	ブロッコリーとカリフラワーのサラダ・かぶのスープ

材料（2人分）

豚とんカツ用肉
（ロース、肩ロースなど）……2枚(200g)
A ┌ 塩……………………小さじ1/3
　└ こしょう…………………少々
　小麦粉………………………大さじ1/2
サラダ油………………………大さじ1/2

[りんごソース]
　りんご*……………………1/2個(150g)
　バター…………………………10g
　はちみつ……………………大さじ1
B ┌ 水……………………カップ1/2
　│ スープの素………………小さじ1/4
　└ 白ワイン…………………大さじ2
　塩・こしょう………………各少々
　プレーンヨーグルト……大さじ2

[つけ合わせ]
　エンダイブ……………………少々

＊紅玉、ジョナゴールド、千秋、さんさなどは酸味があり、加熱しても皮色がきれいです。りんごのほか、パイナップルやオレンジにしても。

作り方

① 肉の筋を数か所切り、軽くたたいてから形を整えます。Aをふり、小麦粉をまぶします。

② りんごは縦に5mm厚さの薄切りにします（皮色がきれいなりんごは皮つきで）。

③ フライパンに油を熱して肉を中火で1～2分焼き、薄く色づいたら裏返して火を弱め、さらに1～2分焼いて火を通し、皿にとり出します。

④ フライパンの汚れをさっとふきます。バターを溶かしてりんごを弱火でこげないように1分ほどいため、はちみつを混ぜます。Bを加えて1～2分煮、塩、こしょうで味をととのえます。

⑤ 肉とエンダイブを盛りつけ、④とヨーグルトをかけます。

豚ヒレ肉のポットロースト

やわらかな肉をやさしいハーブ風味で
蒸し焼きに

カロリー	1人分：180kcal		
調理時間	30分（下味のつけおき時間は除く）	日もち	冷蔵で翌日、冷凍で1〜2週間
献立例	シーザーサラダ・赤ワインのゼリー		

➡ 長さを半分に切った小さなヒレ肉も
売っているので、2人分でも作れます。
つけ合わせはご自由に。

手軽なポットロースト

肉を鍋で蒸し焼きする料理を「ポットロースト」といいます。ローストビーフなども小ぶりの肉ならオーブンでなくてもこの方法で作れます(→p47)。ポットローストには厚手の鍋が向いていますが、なければ、深型のフライパンにふたがあれば手軽に作れます。肉や香味野菜をいためて、少量の水分をたし、ふたをして蒸し焼きにします。

材料 (4人分)

豚ヒレ肉(かたまり)	400g
A 塩	小さじ1/3
A こしょう	少々
A ローリエ(ちぎる)	1枚
A ローズマリー*(葉をつむ)	1枝
A オリーブ油	大さじ1/2
オリーブ油	大さじ1/2
たまねぎ	1/2個(100g)
エリンギ	2本(60g)
B 白ワイン	カップ1/4
B 水	カップ1/4

[つけ合わせ・オレンジとセロリのマリネ]

オレンジ	1個
セロリ	1/2本(60g)
C 塩	小さじ1/8
C こしょう	少々
C ワインビネガー(白)	小さじ1
C オリーブ油	小さじ1

＊タイムやオレガノでも。
＊＊たこ糸(またはもめん糸を2本どりしたもの)約1mが必要です。

作り方

① 肉を糸で巻き ⓐ、Aをまぶしつけて30分～1時間おきます。
② たまねぎは薄切りに、エリンギは長さを半分にして薄切りにします。
③ 大きめのフライパンに油大さじ1/2を熱し、たまねぎと肉を入れ、中火で肉の全面に薄い焼き色をつけます ⓑ。
④ Bとエリンギを加えてふたをし、弱めの中火で10分ほど蒸し焼きにしたら、肉の上下を返して、水分が少なそうなら水大さじ3(材料外)をたし、再びふたをして5～10分蒸し焼きにします。肉に竹串を刺して肉汁が赤くなければ火を止め、ふたをして蒸らしながらさまします。
⑤ つけ合わせのセロリは5mm厚さの小口切りに、オレンジの果肉も同じくらいに切ります。合わせてCであえます。
⑥ 肉を切り分けて盛りつけ、一緒に煮た野菜と⑤を添えます。ローズマリー(材料外)を飾ります。

ⓐ肉が大きいときは糸でしばって形を整える(たこ糸やもめん糸で)

ⓑ焼きつけてから蒸し焼きに。ふたがあればフライパンで作れる

豚ヒレ肉の料理

ヒレ肉のミラノ風カツレツ

ヒレ肉をたたいてのばすので、とってもやわらか。フライパンで揚げ焼きにします

カロリー	1人分：ヒレ283kcal　ロース394kcal
調理時間	25分　日もち　冷蔵で翌日、冷凍で1〜2週間
献立例	グレープフルーツとアスパラガスのサラダ・いんげん豆のスープ

材料（2人分）

豚ヒレ肉(かたまり)* ……150g
A ┌ 塩 ……小さじ1/6
　 └ こしょう ……少々
サラダ油 ……大さじ2
バター ……20g
[衣]
　小麦粉 ……大さじ1/2
　牛乳 ……大さじ1
　パン粉(細かいもの) ……カップ1/2(20g)
[つけ合わせなど]
　粉チーズ ……大さじ1
　パセリのみじん切り ……小さじ2
　トレビス(またはレタス) ……2〜3枚
　レモンの輪切り ……2枚

＊とんかつ用ロース肉でも。

作り方

① 肉は2等分に切り、切り口を上にしてラップではさみ、肉たたきやめん棒でたたいて3〜4mm厚さに広げます。

② 肉にAをふります。小麦粉、牛乳、パン粉の順に衣をつけます。

③ 大きめのフライパンにサラダ油を熱し、中火で②を焼きます。焼き色がついたら裏返してバターを加え、こげないように火加減して裏面も焼きます。

④ カツを盛りつけて粉チーズとパセリをふり、レモンとトレビスを添えます。

point
切り口からたたくと薄くしやすく、肉がやわらかくなる

ヒレ肉のマヨネーズ焼き

淡泊な肉にマヨネーズでコクをプラス。
ひとロカツ用肉で作れます

カロリー	1人分：330kcal	日もち	冷蔵で翌日
調理時間	20分		
献立例	ゆでキャベツの酢じょうゆあえ・セロリのスープ		

材料（2人分）

- 豚ヒレ肉*………………150g
- 塩・こしょう……………各少々
- じゃがいも………………大1個（200g）
- ミニトマト………………10個
- パセリ……………………1/2枝
- A
  - マヨネーズ……………大さじ2
  - 粒マスタード…………大さじ1/2
  - 牛乳……………………大さじ1
- 粉チーズ…………………大さじ2
- サラダ油…………………大さじ1/2

＊かたまりでも、ひとロカツ用でも。

作り方

① かたまり肉なら1cm厚さのひと口大に切ります。塩、こしょうをふります。
② じゃがいもは皮つきのまま半分に切り、ラップをして電子レンジで約4分加熱します。皮をむき、1cm厚さに切ります。
③ Aは混ぜます。
④ フライパンに油を熱し、中火で肉の両面を焼いて中まで火を通します。
⑤ 耐熱容器にじゃがいもを並べて肉をのせ、肉の表面にAを塗ります。粉チーズをふり、トマトをのせます（写真は1人分）。
⑥ オーブントースターで3〜4分焼き、表面が色づいてきたら、パセリをちぎってのせ、1分弱温めます。

point 火は通してあるので、オーブントースターで焼き色をつけるだけ

ひと口ヒレ肉のピカタ

卵液をまぶして焼くだけです。
つけ合わせは生野菜にしても

豚ヒレ肉の料理

カロリー	1人分：314kcal
調理時間	ピカタ15分（ラタトゥイユ20分）
日もち	冷蔵で翌日、冷凍で1～2週間
献立例	さやいんげんのサラダ・マカロニスープ

材料（2人分）

- 豚ヒレ肉* …………150g
- 塩・こしょう………各少々
- 小麦粉………………大さじ1
- A
  - 卵…………………1個
  - 粉チーズ…………大さじ1
- オリーブ油…………大さじ1
- イタリアンパセリ…2枝

［ラタトゥイユ］
- B
  - たまねぎ…………1/4個（50g）
  - なす………………1個
  - ピーマン…………1個
  - トマト……………小1個（150g）
- にんにく……………小1片（5g）
- オリーブ油…………大さじ1
- C
  - 白ワイン…………大さじ2
  - スープの素………小さじ1/2
- D
  - 塩…………………小さじ1/6
  - こしょう…………少々

＊かたまり肉でもひと口カツ用肉でも。

作り方

① ラタトゥイユを作ります。Bの野菜はそれぞれ1cm角に切ります。にんにくはみじん切りにします。

② 厚手の鍋にオリーブ油とにんにくを入れて中火でさっと熱し、たまねぎとなす、ピーマンとトマトを、順に加えて軽くいため、Cを加えてふたをします。弱めの中火で7～8分蒸し煮にします。最後にDで調味します。

③ 肉は約1cm厚さに切り、塩、こしょうをふり、小麦粉をまぶします。ボールにAの卵をほぐし、粉チーズを混ぜます。

④ フライパンに油を弱めの中火で温め、肉にAをからめてから入れます。両面に薄く焼き色がつく程度にゆっくりと焼きます。

⑤ 皿にピカタを盛り、ラタトゥイユとイタリアンパセリを添えます。

豚ヒレ肉の甘酢がけ

薄いのでフライパンで揚げられます

カロリー	1人分：244kcal
調理時間	25分
日もち	冷蔵で翌日。揚げた肉は冷凍で1〜2週間
献立例	きゅうりの中華サラダ・トマトと卵のスープ

材料（2人分）

豚ヒレ肉（かたまり）……150g

A
- 塩……小さじ1/8
- こしょう……少々
- 酒……大さじ1/2
- とき卵……大さじ1

かたくり粉……大さじ1
揚げ油……適量

[つけ合わせ]
- たまねぎ……1/2個（100g）
- ピーマン……2個（1個を赤にしても）

[甘酢あん]
- 砂糖……大さじ1・1/2
- 水……大さじ1・1/2
- スープの素……小さじ1/4
- しょうゆ……小さじ1/2
- 酢……大さじ2

作り方

① 肉は5〜6mm厚さに切ります。Aを順にもみこみます。
② たまねぎとピーマンは5mm幅の細切りにします。
③ 甘酢あんの材料は合わせます。
④ 肉にかたくり粉を薄くまぶします。フライパンに1〜2cm深さの揚げ油を熱し、肉を1枚ずつ入れて、薄く色づくまでカラリと揚げます。
⑤ フライパンの油をあけ、残った油で②をいためます。しんなりしたらとり出します。
⑥ 続いて、甘酢あんを入れ、中火にかけます。沸とうしたら肉を加えてからめ、とろみが出たら火を止めます。野菜とともに盛りつけます。

やわらか酢豚

豚ヒレ肉の料理

ヒレ肉ならやわらかくて、野菜と一緒に食べやすい

カロリー	1人分：298kcal		
調理時間	30分	日もち	冷蔵で翌日
献立例	キャベツときくらげの中華ドレッシングあえ・チンゲンサイのスープ煮		

材料（2人分）

- 豚ヒレ肉* ……150g
- A
  - しょうゆ・酒……各大さじ1/2
  - しょうが汁……小さじ1/2
- B
  - とき卵……大さじ1
  - かたくり粉……大さじ1強
- にんじん……50g
- たまねぎ……1/3個（70g）
- 長いも……50g
- ピーマン……1個
- しいたけ……2個
- サラダ油……大さじ1・1/2

[甘酢あん]
- 砂糖……大さじ1・1/2
- 酢……大さじ1・1/2
- トマトケチャップ……大さじ1・1/2
- 中華スープの素……小さじ1/4
- かたくり粉・しょうゆ……各小さじ1
- 水……大さじ3

＊かたまり肉でも、ひと口カツ用肉でも。

作り方

① かたまり肉なら1cm厚さにし、ひと口大に切ります。Aをもみこんで10分ほどおきます。

② にんじんはひと口大の乱切りにし、器に入れ、水を少しふりかけてラップをし、電子レンジで約1分30秒加熱します。たまねぎは2cm幅のくし形に切ります。長いもは3～4cm長さの棒状に切ります。ピーマンはひと口大に切ります。しいたけは4つに切ります。

③ 甘酢あんの材料は合わせます。

④ 肉にBをもみこみます。大きめのフライパンに油大さじ1を熱し、中火で肉の両面を焼いて火を通し、とり出します。

⑤ 続いて油大さじ1/2をたし、②を入れて、強火で2分ほどいためます。肉をもどし入れ、③をもう一度混ぜてから加えます。混ぜながら加熱し、とろみがついたら火を止めます。

揚げ豚のにんにくじょうゆ漬け

味つけはカップラーメン方式!?
ごはんがすすむ味です

カロリー	1人分：150kcal
調理時間	20分
日もち	冷蔵で翌日。揚げた肉は冷凍で1〜2週間
献立例	かぼちゃとさやえんどうのいためもの・なすの浅漬け・ねぎのみそ汁

材料 (2人分)

- 豚ヒレ肉(かたまり) ……150g
  - かたくり粉 …………大さじ1
- 万能ねぎ ………………3本
- すりごま(白) …………大さじ1/2
- 揚げ油 …………………適量

[にんにくじょうゆ]
- にんにく ………………小1/2片(3g)＊
- しょうゆ ………………大さじ1
- 砂糖 ……………………小さじ1
- 熱湯 ……………………カップ1/2

＊にんにくは生で使うため、少量で充分香ります。

作り方

① ねぎは小口切りにします。肉は6〜7mm厚さに切ります。

② 盛る器ににんにくをすりおろし、しょうゆ、砂糖を入れておきます。

③ 肉にかたくり粉を薄くつけます。揚げ油を高温(180℃)に熱し、肉をよい色に揚げます。

④ ②の器に分量の熱湯をそそぎ、揚げたての肉を入れてふたをし、1〜2分蒸らします。すりごまとねぎを散らします。

point
盛る器に調味料を合わせるから手軽

↓牛肉のたたき 香味漬け

かんたんで豪華な和風ローストビーフ。
だしの味がきいています

カロリー	1人分：もも（赤肉）134kcal　ヒレ168kcal
調理時間	15分（つけおき時間は除く）
日もち	かたまりを、つけだれにつけて冷蔵で翌日
献立例	トマトの和風サラダ・やまいもの落とし揚げ・しじみのすまし汁

→カルパッチョ仕立て

薄く切って、塩、こしょうをふり、
オリーブ油やレモン汁を
かけるだけでもおいしい。

冷蔵 翌日まで冷蔵できるので、おもてなしの作りおきに便利

⬇

ローストビーフ の作り方

香味野菜とともにオーブンで蒸し焼きにするローストビーフ。小ぶりの肉ならフライパンでも作れます。作り方③で焼いた肉の上下に、香味野菜（たまねぎ、にんじん、セロリなど）を散らし、白ワイン大さじ3をかけ、ふたをして弱火で約10分蒸し焼きにします（途中上下を返す）。火を止めてそのまま5分ほど蒸らします。

材料 (4人分)

牛かたまり肉（もも、またはヒレ）	300g
A 塩…小さじ1/3／こしょう…少々	
にんにく	小1片(5g)
サラダ油	小さじ1
[つけだれ]	
しょうゆ	大さじ2
酒	大さじ1
みりん	大さじ1/2
水	大さじ2
けずりかつお	ひとつまみ
[薬味]	
だいこん	150g
みょうが	1個
スプラウト	1パック
柑橘類（レモン・かぼす・ゆずなど）	適量

作り方

① 肉は冷蔵庫から出して20～30分おき、室温にもどします。

② 肉にAをもみこみます。にんにくは半分に切ります。つけだれの材料は合わせます。

③ フライパンに油とにんにくを入れて熱し、肉の全面を1分くらいずつ強火で焼きますⓐ。

④ たれを加え、全体にざっとからめたら火を止め、ふたをしてそのままさまします。さめたら、ボールなどに移し、たれにつけた状態で、1時間ほど冷蔵庫におきます（厚手のポリ袋につけても）。

⑤ だいこんはすりおろし、ざるにとります。みょうがはせん切りにしてさっと水にさらして水気をきります。スプラウトは根元を落とします。

⑥ 肉を薄く切り、⑤とともに盛りつけます。たれは一度こし、柑橘類の汁を大さじ1/2ほどしぼり入れて、肉に添えます。

ⓐ 上下左右と肉の各表面を焼き、うま味を閉じこめる

↓ ビーフシチュー

特別な日の定番です。
煮こむとやわらかくなる、すねや肩ロース肉で

かたまり肉の料理

牛肉

カロリー	1人分：すね372kcal　肩ロース524kcal		
調理時間	90分	日もち	冷蔵で翌日。野菜は除いて冷凍で3～4週間
献立例	ほうれんそうとミニトマトのサラダ・りんごのコンポート		

→ パイ包み焼き

パイ皮を開けると、熱々のシチュー。
喜ばれること間違いなしの演出です。

＊ さましたシチューを耐熱容器に入れ、市販のパイシートを少しのばしてのせます。器の縁に水を塗ってとめ、パイの表面には水少々でといた卵黄を塗り、230℃のオーブンで焼き色をつけます。

材料 (4人分)

牛肉シチュー用
(すね、肩ロース)………400g
A ┌ 塩……………小さじ1/4
　└ こしょう……少々
小麦粉……………大さじ1
サラダ油…………大さじ1
バター……………30g

[香味野菜]
たまねぎ…………小1個(150g)
セロリ(茎)………20g
にんにく…………1片(10g)

[具野菜]
にんじん…………1/2本(100g)
じゃがいも………1個(150g)
ペコロス(小たまねぎ)
　…………………8個(200g)
マッシュルーム…8個

[煮汁]
湯…………………カップ4
B ┌ 赤ワイン……カップ1/2
　│ 固形スープの素
　│ ………………1個
　│ ローリエ……1枚
　│ トマトペースト*
　└ ………………大さじ1

[仕上げ]
ドミグラスソース
　…………………150g
塩・こしょう……各少々

*トマトペーストはトマトを濃縮したもので、水煮やピュレよりも濃い。

作り方

[肉は先に煮こみ始める]

① 肉は4〜5cm角に切り、Aをふって小麦粉をまぶします。フライパンに油を熱し、強火で肉の全面にしっかり焼き色をつけます(中は生)ⓐ。

② 肉を鍋に移します。フライパンに煮汁用の湯を入れ、フライパンについた焼き汁(うま味)をこの湯ですすぎ落として鍋に加えます。強火にかけ、沸とうしたらアクをとってふたをずらしてのせ、弱火で煮こみ始めます。

[香味野菜をいためて鍋に加える]

③ 香味野菜はすべてみじん切りにし(クッキングカッターにかけると早い)、皿にドーナッツ状に広げてⓑ、ラップなしで電子レンジで約4分加熱し、水分をとばします。途中で1度混ぜます。

④ 具野菜のにんじん、じゃがいもをひと口大に切って面とりします。面とりした切れ端と③を、バター20gで茶色くなるまでよくいためます(強めの中火で6〜7分)。これを鍋に加えますⓑ。

[煮こむ]

⑤ アクをとり、Bを加えます。肉の煮こみ始めから約1時間、肉がやわらかくなるまで煮ます。途中、こげつかないように鍋底から混ぜ、水分が少なくなってこげつきそうなら、水(材料外)をたして、肉がかくれるくらいにします。

[最後に具野菜を加える]

⑥ 具野菜をバター10gで軽くいため、鍋に加えますⓒ。ドミグラスソースも加えて、弱めの中火で20分ほど煮ます。野菜がやわらかくなったら、塩、こしょうで味をととのえます。

ⓐ 表面を焼きかためておくと肉のうま味が逃げない

ⓑ シチューのうま味の素は飴色にいためた香味野菜(右写真)。いためる前に、電子レンジで水分をとばしておくといため時間がぐっと短縮。レンジにかけるときは水分がとびやすいように中央をあける

ⓒ 肉がほぼ煮えてから具野菜を加える

牛すね肉の赤ワイン煮こみ

じっくり煮こんだすね肉は、箸でもほぐれるやわらかさ

カロリー	1人分：すね486kcal　肩ロース676kcal
調理時間	150分
日もち	冷蔵で翌日、冷凍で3〜4週間
献立例	ピーマンときのこのマリネ・マッシュポテト

材料（4人分）

- 牛すね肉（シチュー用）＊……500g
- A
  - たまねぎ……1個（200g）
  - セロリの茎……1本
  - にんじん……1/2本（100g）
- オリーブ油……大さじ3
- B
  - 赤ワイン……カップ1
  - バルサミコ酢＊＊……大さじ2
- C
  - トマト水煮缶詰……1缶（400g）
  - 水……カップ1
  - ローリエ……1枚
- 塩……小さじ1
- こしょう……小さじ1/2
- バター……15g

［つけ合わせ］
- ショートパスタ（好みの形）……100g
- ブロッコリー（小分けする）……100g
- 塩・こしょう……各少々

＊肩ロース肉でも。
＊＊なければ、ワインビネガーや穀物酢で。

作り方

① Aの野菜はすべてみじん切りにします（クッキングカッターにかけるとかんたん）。肉は4cm角に切ります。

② 厚手の鍋にオリーブ油を熱し、中火でAをしんなりするまでよくいためます。肉を加え、表面が白っぽくなるまで1〜2分いため、Bを入れて約5分煮ます。

③ Cを加え、トマトがホールなら木べらでつぶしながら加熱し、沸とうしたらアクをとってふたをずらしてのせ、弱火で約2時間煮ます。

④ 塩とこしょうで調味し、仕上げにバターを入れます。

⑤ 袋の表示にしたがって、ショートパスタをゆでます。ゆであがる2分くらい前にブロッコリーを加えて一緒にゆであげます。塩、こしょうをふって、④につけ合わせます。

＊おもてなしには前日に作っておくとよく、味がマイルドになります。

豚肉といちじくの赤ワイン煮

ドライフルーツの甘味とワインなどの酸味が絶妙です

カロリー	1人分：384kcal		
調理時間	50分	日もち	冷蔵で翌日、冷凍で3〜4週間
献立例	豆とれんこんのサラダ・アスパラのソテーチーズ風味		

材料（4人分）

- 豚肩ロース肉（かたまり） …… 500g
- A ◯ 塩 …… 小さじ1/3 ／ こしょう …… 少々
- サラダ油 …… 大さじ1
- にんにく …… 1片（10g）
- ローズマリー …… 2枝
- 干しいちじく＊ …… 50g（5〜6個）

[煮汁]
- 赤ワイン …… カップ1/2
- 水 …… カップ1
- ワインビネガー（赤または白） …… カップ1/4
- 砂糖 …… 小さじ1
- しょうゆ …… 大さじ1
- 固形スープの素 …… 1個
- こしょう …… 少々

[添え野菜]
- トレビス、サニーレタス、クレソンなど …… 少々
- ローズマリー …… 少々

＊いちじくの代わりにプルーンでも。

作り方

① 肉にAをすりこみます。
② にんにくは2つに切り、いちじくは2〜4つに切ります。
③ 鍋に油とにんにくを入れて熱し、薄く色づいたら、肉を加えて全面に焼き色をつけます（中は生）。
④ 鍋の油をペーパーでふきとり、煮汁の材料を加えます。ローズマリー、いちじくも加え、ふたを少しずらしてのせ、中火で30分煮ます。途中で上下を返します。
⑤ 肉やいちじくなどをとり出して、少しとろみがつくまで煮汁を3〜4分煮つめます。
⑥ 肉を切り分けて、いちじくと一緒に盛りつけ、煮汁をかけます。ローズマリーとトレビスなどを添えます。

point 肉の周囲を焼きかためてから煮こみ始める

みそ煮豚

かたまり肉の料理

全部一緒にして煮るだけ。煮汁は煮つめ加減で、とろみを調節できます

カロリー	1人分：366kcal		
調理時間	60分	日もち	冷蔵で翌日、冷凍で3～4週間
献立例	じゃがいもとしそのさっといため・ほうれんそうと卵のスープ		

材料（4人分）

- 豚肩ロース肉（かたまり）……500g
- ねぎ（緑色の部分）……10cm
- しょうが（薄切り）……1かけ（10g）
- A
  - 砂糖……大さじ1
  - 酒……大さじ3
  - しょうゆ……大さじ3
  - みそ……大さじ2
- レタス……1個（300g）
- ごま油……小さじ1
- こしょう……少々

作り方

① 鍋に、肉、ねぎ、しょうがを入れ、肉がかぶるくらいの水（約カップ3）を入れて、強火にかけます。

② 沸とうしたらアクをとり、Aを加えて弱火にします。落としぶたをし、鍋のふたをずらしてのせ、40～50分煮ます。

③ 煮汁が少なくなってきたら、汁を肉の表面にかけながら強火で煮つめ、煮汁が1/2カップくらいになったら火を止めます。

④ レタスは大きくちぎります。大きめのフライパンにごま油を熱し、レタスをさっといため、こしょうをふります。

⑤ 器にレタスを盛りつけます。肉を切ってのせ、残った煮汁をかけます。

point 肉全体がかくれるくらいの水で煮始めたいので、大きすぎない鍋で

ラフテー

こんぶや酒と一緒に煮るとやわらかく煮えます

カロリー	1人分：569kcal		
調理時間	130分	日もち	冷蔵で3日、冷凍で3〜4週間
献立例	もやしとにんじんのごま酢あえ・ゴーヤのみそいため・かまぼこのすまし汁		

材料（4人分）

- 豚ばら肉（かたまり）*……600g
- 焼酎（下ゆで用に）……50ml
- ゴーヤ（薄切り）……小1/2本（60g）

［煮汁］
- こんぶ……20g
- 水……600ml
- 焼酎……200ml
- けずりかつお……5g
- 砂糖……大さじ2
- しょうゆ……大さじ3・1/2

＊皮つきのばら肉も売られています。皮つきの場合は、1時間半くらいかけて下ゆでします。

作り方

① 肉は6〜7cm角に切って鍋に入れ、焼酎50mlをふりかけて10分おきます。

② ［下ゆで］1）①に肉がかぶるくらいの水（材料外）を加え、火にかけます。沸とうしたらアクをとり、ふたをずらしてのせ、弱火で1時間〜1時間半ゆでます。時々アクをとり、途中、肉がゆで汁から出ないように湯をたします。 2）竹串が通るくらいになったら、肉をとり出し、鍋を洗います。

③ こんぶは分量の水につけ、やわらかくなったら6〜7cm長さに切り、水にもどします。

④ ［味つけして煮る］1）肉を鍋にもどし、③を含めて煮汁の材料を加えます。落としぶたをし、鍋のふたをずらしてのせ、弱火で30〜40分煮ます。途中そっと上下を返します。 2）こんぶとけずりかつおをざっととり出し、肉は入れたまま、煮汁を煮つめ、少し残る程度にします。盛りつけます。

⑤ ゴーヤを塩少々（材料外）でもんで水気をしぼり、こんぶと一緒に肉に添えます。

point 下ゆでは、湯がかぶっている状態でゆでるのが大切。やわらかくなれば、あとは味つけ

角煮

大人気の肉料理は時間はかかりますが、手順はかんたん。
まとめてど〜んと作りましょう

カロリー	1人分：557kcal		
調理時間	120分	日もち	冷蔵で3日、冷凍で3〜4週間
献立例	キャベツとたこの梅あえ・とうふとみょうがのすまし汁		

➡ 1人分を上品に盛りつけても。
練りがらしがよく合います。

冷凍
時間があるときに、まとめて作って冷凍しても。

かたまり肉の料理

豚肉

圧力鍋で煮るには

圧力鍋を使うと、煮こみ時間がぐんと短縮されるのが魅力です。角煮の場合も、下ゆで、煮こみの時間をそれぞれ短くできます。製品によって使用法が異なり、専用の料理本がついていますが、おおまかなコツをおさえておきましょう。

- **必要最低限の水分を加える**
- **アクが強いものは事前に抜いておく**
- **素材数はなるべく少なく、大きさをそろえる**

一度に加熱するため、ムラができやすいため。

- **ルウやかたくり粉は最後に**

汁にとろみがつくと、ふたの穴が目詰まりしたり、汁がこげついたりします。煮たあとにふたをはずして加えます。

材料（4人分）

豚ばら肉（かたまり） …………… 600g

[煮汁]

A ┌ 水 …………………………… カップ3
  │ 酒 …………………………… カップ1/2
  │ 砂糖 ………………………… 大さじ3
  │ しょうが …………………… 大1かけ(15g)
  └ ねぎ（緑の部分）…………… 10cm

しょうゆ ……………………………… 大さじ3
ねぎ …………………………………… 10cm

作り方

[下ゆでする]

① 鍋に肉を入れ、かぶるくらいの水（材料外）を加えて強火にかけます。沸とうしたら中火にして落としぶたをし、鍋のふたはしないで1時間ゆでます。途中、肉がゆで汁から出ないように湯をたします（ここまでを前日に用意できるⓐ）。

② ゆでた肉を4〜5cm角に切りますⓑ。Aのしょうがは薄切り、緑のねぎは半分に切ります。

[味つけして煮る]

③ 鍋を洗って肉をもどし、Aを加えて中火で約15分煮たあと、しょうゆを加えてⓒ、さらに30〜45分煮ます。煮汁が少し残るくらいで火を止めます。煮ている間は落としぶたをし、鍋のふたはずらしてのせ、途中2回ほど、フライ返しなどでくずさないように肉の上下を返します。

④ ねぎをせん切りにして水にさらし、水気をきります。肉を盛りつけてねぎをのせます。

ⓐ 肉が湯から出ない状態でゆで、時間をおく場合は、ゆで汁につけた状態でおく。固まった脂を除いてから汁を捨てる（ポトフなどに使える）。肉を角切りにするⓑ

ⓒ 砂糖などで煮たあとで、塩分のあるしょうゆを加えたほうが、やわらかく煮える

⬇ ゆで豚

作っておくと、いためものやサラダに、
お弁当にと使えます

カロリー	1人分：320kcal（コチュジャンだれの場合）
調理時間	60分
日もち	冷蔵で翌日、冷凍で1〜2週間
献立例	ほうれんそうと卵のチャーハン・ねぎとわかめのスープ

➡ 辛みのきいた、たれとドレッシングを
ご紹介します。
お好みでお使いください。
右写真はゆでキャベツと盛り合わせ、
香味ドレッシングをかけています。

かたまり肉の料理

豚肉

スープ麺の作り方

肉のゆで汁をめんのスープに

材料（2人分）
- ゆで豚のゆで汁……カップ2
- そうめん……50g
- A
  - スープの素……小さじ1/2
  - 酒……大さじ1/2
- B
  - しょうゆ……小さじ1/2
  - 塩……小さじ1/8
  - こしょう……少々
- もやし……50g
- にら……1/2束(50g)
- ねぎ……5cm

作り方
① ゆで汁はペーパータオルを通して一度こします。にらは5cm長さに切り、ねぎは小口切りにします。
② そうめんを表示のとおりにゆでます。
③ 鍋にゆで汁を温めてAを加え、もやし、にら、ねぎを1～2分煮ます。そうめんを加え、Bで調味します。

材料（4人分）
- 豚肩ロース肉(かたまり)……500g
- A
  - ねぎ(青い部分)……15cm
  - しょうが(薄切り)……1かけ(10g)
  - にんにく(薄切り)……1片(10g)
- ねぎ(白い部分)……15cm

[野菜]
- サンチュ(またはサラダ菜)……10枚
- 赤パプリカ……1/2個(70g)
- 黄パプリカ……1/2個(70g)

[コチュジャンだれ]
- コチュジャン……大さじ1
- 砂糖……大さじ1
- 酢……大さじ1
- いりごま(白)……小さじ1
- しょうゆ……小さじ1
- 塩……少々

[香味ドレッシング]
- ねぎ(みじん切り)……大さじ1
- しょうが・にんにく(各みじん切り)……各小さじ1
- 豆板醤(トーバンジャン)……小さじ1
- しょうゆ・みりん……各大さじ3
- 砂糖・酢……各大さじ1

作り方
① 鍋に豚肉、Aを入れ、肉がかぶるくらいの水（材料外）を加えて ⓐ、ふたをずらしてのせ、火にかけます。煮立ったらアクをとって弱火にし、40～50分ゆでます。時々アクをとり、水量が減って肉が見えるようなら湯をたします。竹串を刺して穴から透明な汁が出るようなら火を止め、そのままさまします。
② たれ、またはドレッシングの材料は合わせます。
③ ねぎはせん切りにします。パプリカは細切りにします。
④ 肉を5～6mm厚さに切り、野菜と一緒に器に盛りつけて、②を添えます。サンチュで肉と野菜を包んで食べます。

＊ からしマヨネーズやごまだれ、ぽん酢しょうゆで食べても美味です。また、めんつゆで煮からめたり、いためものなどに使えます。

ⓐ ゆでる間からさめるまで、常に肉が水につかる状態にするとやわらかくできあがる

⬇ 塩豚のハム

肉の水っぽさがとれ、ほどよい塩味がつくので、
ゆでるだけでハムのように食べられます

カロリー	1人分：ロース330kcal　肩ロース319kcal　ばら468kcal		
調理時間	60分（塩漬け時間は除く）	日もち	塩漬けにして冷蔵で5日。ゆでたら冷蔵で翌日
献立例	ポテトサラダ・たまねぎと豆のスープ		

➡ 塩豚の焼き肉

ばら肉で塩豚を作って焼けば、
カルビ焼き肉。
塩味だけのシンプルな味です。
焼く前にさっと水洗いしましょう。
写真はさらしねぎと
ぎょうざのたれを添えています。

冷蔵
冷蔵しておけば、小分けして使える。

材料（4人分）
豚ロース肉(かたまり)＊ ……500g
　塩＊＊ ……小さじ2・1/2
[つけ合わせ・かんたんコールスロー]
　キャベツ ……大1枚(100g)
　にんじん ……20g
A ┌ 酢 ……大さじ1
　├ 砂糖 ……小さじ1
　├ 塩 ……小さじ1/8
　├ こしょう ……少々
　└ サラダ油 ……大さじ1

＊ハムにするならロースや肩ロース、焼き肉やいためものに使うなら、ばら肉も。
＊＊塩の分量は、肉の重量の約2.5%。

作り方
[塩漬け]
① 肉に塩をよくもみこみ ⓐ、厚手のポリ袋に入れます（袋の上からもんでも）。
② 冷蔵庫に4～5日おきます ⓑ。途中肉汁が少し出るので、時々汁を全体に回すようにします。
[使い方]
③ 塩をさっと洗い落とします。肉がちょうど入るくらいの大きさの鍋に入れて、肉がかぶるくらいの熱湯を加えて強火にかけます。煮立ったら弱火にし、ふたをずらしてのせ、時々アクをとって上下を返しながら40～50分ゆでます ⓒ。
④ 火を止めて、ゆで汁につけたまますまします（ゆで汁はこしてスープに使える）。
⑤ 肉を2～3mm厚さに切って盛りつけます。つけ合わせと、好みで粒マスタードを添えます。
＊つけ合わせの作り方：キャベツは細切りに、にんじんはせん切りにし、合わせて電子レンジで約1分加熱します。Aを合わせてドレッシングを作り、野菜をあえます。

塩豚の利用法

肉の塩漬けは冷蔵庫がなかった昔の保存法。塩豚にすれば冷蔵で4～5日もつので、その間少しずつ使う活用の仕方もあります。塩漬け2日後くらいから、必要量だけ切り分けて、さっと水洗いして使います。いためものやチャーハンの具などに。塩がよくしみこんだら、ゆで豚に。

ⓐ 肉の表面に塩をよくもみこむ

ⓑ 袋の空気を抜いて口を閉じる

ⓒ ゆでる間からさめるまで、常に肉が湯につかる状態にするとやわらかくできあがる

↓スペアリブカレー

骨からうま味が出て
ボリュームもあって大満足

かたまり肉の料理

豚肉

カロリー	1人分：873kcal　肩ロース200gで作った場合749kcal
調理時間	50分　　　　日もち　冷蔵で翌日、冷凍で3～4週間
献立例	はくさいとりんごのサラダ

→ じゃがいもやにんじんを加えるなら、
煮汁に肉を加えるときに
一緒に加えて煮こみます。

材料（2人分）

豚スペアリブ（5〜6cm長さ）＊
　　　　　　　　……………300g
A ┌ 塩………………小さじ1/4
　 └ こしょう…………少々
　小麦粉……………大さじ1
　サラダ油…………大さじ1/2

［ルウ］

B ┌ たまねぎ……1・1/2個（300g）
　 │ にんにく……小1片（5g）
　 └ しょうが……小1かけ（5g）
　サラダ油…………大さじ1
C ┌ 小麦粉………大さじ1
　 │ カレー粉……大さじ2
　 └ 水……………カップ2・1/2
D ┌ 固形スープの素……1個
　 │ ローリエ………1枚
　 └ りんご…………1/2個
E ┌ カレー粉……小さじ1
　 │ 塩……………小さじ1/8
　 └ こしょう………少々

［ごはん他］

温かいごはん………2膳分（300g）
クレソン………………小1束

＊豚肩ロース肉などのカレー用肉なら、大きめの角切り200gで作ります。

作り方

① Bのたまねぎは薄切りにします。皿にドーナッツ状に置き ⓐ、ラップなしで電子レンジで5分加熱して水気をとばします。にんにく、しょうがはみじん切りにします。
② スペアリブにAをふり、小麦粉をまぶします。
③ 厚手の鍋に油大さじ1/2を熱し、中火で肉の表面だけを焼いて（中は生）ⓑ、とり出します。
④ 続いて、鍋に油大さじ1をたして①を入れ、中火で6〜7分いためます。茶色く色づいてきたら ⓒ、Cの小麦粉を加えて1分ほどいため、カレー粉を混ぜ、水を加えて混ぜます。肉を加えて強火にします。
⑤ 沸とうしたらアクをとってDを加えます（りんごはすりおろしながら加える）。ふたをずらしてのせ、途中で混ぜながら、弱火で30分ほど煮ます。最後にEで味をととのえます。
⑥ ごはんにカレーをかけ、クレソンを添えます。

ⓐ電子レンジで水分をとばしておくと、たまねぎのいため時間が半分に

ⓑスペアリブは表面だけ焼く。鍋で焼きにくい場合は、③④はフライパンでいためてから鍋に移しても

ⓒ茶色に色づいたたまねぎはうま味が出ていて、味のベースになる

かたまり肉の料理

スペアリブのバーベキューロースト

豪快に食べたいときは大ぶりのスペアリブで。人数が多いときは量を2倍、3倍にして

カロリー	1人分：574kcal
調理時間	30分（つけおき時間は除く）
日もち	生肉をつけ汁につけて冷蔵で翌日
献立例	トマトとモッツァレラチーズのサラダ・オニオンスープ

材料（2人分）

豚スペアリブ＊ …………400g

[つけ汁]
- にんにく……………小1片(5g)
- たまねぎ……………30g
- しょうゆ……………大さじ2
- トマトケチャップ……大さじ1・1/2
- 砂糖……………小さじ1
- サラダ油……………大さじ1/2

[つけ合わせ]
- グレープフルーツ……1/2個
- ポテトチップス………適量

＊長いものでも、短いものでも。

作り方

① にんにくとたまねぎはすりおろします（たまねぎはみじん切りでも）。ボールなどにつけ汁の材料を合わせ、スペアリブをつけます。よく手でもみこみ、途中で上下を返しながら冷蔵庫に2時間以上おきます。

② オーブン皿にアルミホイルを敷いて、あれば網にのせ、220〜230℃のオーブンで約20分焼きます。途中で上下を返します。

＊ グリルやフライパンでも焼けます。フライパンの場合は表面が焼けたら、鍋に出た脂をふきとり、酒大さじ1〜2（材料外）を加えてふたをし、弱火で10〜15分蒸し焼きにして火を通します。

point
つけこみはポリ袋（厚手）が便利。空気を抜けば、汁がまんべんなくまわる

point
オーブンやグリルで焼くとカラリとした食感に。フライパンの場合は蒸し焼きにして火を通すので、しっとりと仕上がる

スペアリブのゆず茶煮

ゆず茶の甘味とつやを利用。フライパンで作れます

カロリー	1人分：509kcal		
調理時間	30分	日もち	冷蔵で翌日
献立例	とうふとみず菜のサラダ・だいこんのピリ辛スープ		

材料（2人分）

- 豚スペアリブ（4〜5cm長さ）……350g
- ゆず茶＊……80g
- サラダ油……小さじ1

[煮汁]
- 水……カップ1/4
- スープの素……小さじ1/2
- 酒……大さじ1
- レモン汁（または酢）……大さじ1/2
- しょうが（薄切り）……小1かけ（5g）
- しょうゆ……大さじ2

[つけ合わせ]
- たまねぎ……30g
- みず菜など葉野菜……少々

＊ゆず茶の代わりに、マーマレードやあんずのジャムで煮ても。

作り方

① 深めのフライパンか厚手の鍋に油をひき、スペアリブを入れて、強火で全面を1分ほど軽く焼きます。フライパンに出た脂をペーパーでふきとり、しょうゆ以外の煮汁の材料と、ゆず茶を加えます。

② ふたをずらしてのせ、弱火で約15分煮ます。途中7〜8分煮たところでしょうゆを加えます。煮ている間、時々アクをとって上下を返し、汁気が少ない場合は、水を少したします。煮あがりぎわは汁気をとばします。

③ たまねぎを薄切りにし、水にさらして水気をきります。スペアリブを盛りつけて、たまねぎと葉野菜を添えます。

point ゆず茶をそのまま煮汁に加えて煮る

豚肉のしょうが焼き

肉に粉をまぶしてやわらかく、汁気をこっくりと仕上げます

薄切り肉の料理 / 豚肉

カロリー	1人分：ロース384kcal　肩ロース374kcal　もも304kcal
調理時間	20分
日もち	当日
献立例	ひじきときゅうりのあえもの・キャベツのみそ汁

材料 (2人分)

豚しょうが焼き用肉
（ロース、肩ロースなど）…200g

A ┌ しょうが汁 …… 大さじ1/2
　├ 酒 …………… 大さじ1・1/2
　└ しょうゆ ……… 大さじ1

かたくり粉 ………… 大さじ2

[つけ合わせ]
ししとうがらし ……… 8本
ねぎ ………………… 1/2本
セロリ ……………… 10cm
しめじ ……………… 1/2パック(50g)

B ┌ 酒 …………… 小さじ1/2
　└ しょうゆ ……… 小さじ1/2

サラダ油 …………… 大さじ1

作り方

① Aを合わせ、肉をつけて5～6分おきます。
② ししとうがらしは小さく切りこみを入れます。ねぎとセロリは斜め薄切りにします。しめじは小房に分けます。
③ フライパンに油大さじ1/2を熱して、②の野菜を中火でいため、Bで調味してとり出します。
④ 肉の汁気をきり（つけ汁はとりおく）、かたくり粉を両面にまぶします。フライパンに油大さじ1/2をたし、肉の両面を中火でこんがりと焼きます。肉のつけ汁を加えて全体にからめ、火を止めます。

豚肉のめんつゆ焼き

めんつゆ利用ですぐ作れます

カロリー	1人分：ロース353kcal　肩ロース344kcal　もも281kcal
調理時間	15分
日もち	当日
献立例	みず菜とにんじんのサラダ・ごぼうと油揚げのみそ汁

材料（2人分）

豚しょうが焼き用肉
（ロース、肩ロースなど）……180g
めんつゆ*（濃縮タイプ）…大さじ2
いりごま（白）……………大さじ1/2

[つけ合わせ]
　キャベツ………………1/8個（100g）
　そら豆……………………10粒
　サラダ油…………………大さじ1
　塩…………………………少々

＊代わりに、[しょうゆ大さじ1／みりん・酒各大さじ1/2／砂糖小さじ1/2]を合わせても。

作り方

① 肉に、めんつゆ大さじ1・1/2をかけてなじませ、10分ほどおきます。
② そら豆は爪状のところに切りこみを入れます。キャベツは芯をつけたまま2つに切ります。
③ フライパンに油を熱し、キャベツとそら豆を焼きめがつく程度に焼いてとり出し、塩をふります。
④ 続いて、肉を広げて入れ、強火で両面を焼きます。仕上がりぎわに、めんつゆ大さじ1/2をかけて照りを出して火を止めます。
⑤ 野菜と肉を盛りつけて、肉にごまをふります。

point めんつゆを下味に使う

豚肉のみそだれ焼き

肉を焼いてたれをからめるだけ。こっくりとしてごはんに合います

薄切り肉の料理

カロリー	1人分：ロース335kcal　肩ロース326kcal　もも263kcal
調理時間	15分　　　　　　　　日もち　当日
献立例	冷や奴・ほうれんそうのごまあえ・しめじとねぎのすまし汁

豚肉

材料 (2人分)

豚しょうが焼き用肉
(ロース、肩ロースなど)……**180g**
サラダ油……………………**小さじ2**

[みそだれ]
　みそ……………………**大さじ1・1/2**
　みりん…………………**大さじ1**
　酒………………………**大さじ1**
　砂糖……………………**小さじ1**
　ねぎ(みじん切り)………**5cm**

[つけ合わせ]
　キャベツ………………**2枚(100g)**
　ピーマン………………**1個**
　塩・こしょう…………**各少々**

作り方

① みそだれの材料を合わせます。
② キャベツ、ピーマンは細切りにします。
③ フライパンに油小さじ1を熱し、野菜をいため、塩、こしょうをふって、皿にとり出します。
④ 油小さじ1をたして肉を焼きます。1〜2分ずつ両面を焼き、みそだれを加えてからめます。盛りつけます。

豚肉と野菜のグリル 中華だれ

香味がきいて、ビールにもよく合います

カロリー	1人分：ロース285kcal　肩ロース279kcal　もも231kcal
調理時間	25分
日もち	冷蔵で翌日(野菜もたれにつけて)
献立例	キャベツの浅漬け・とうふとわかめのみそ汁

材料 (2人分)

豚しょうが焼き用肉
(ロース、肩ロースなど) ……150g
A[塩……小さじ1/8／こしょう……少々
なす……………………………1個
かぼちゃ………………………80g
ししとうがらし…………………6本
ごま油……………………大さじ1/2

[中華だれ]
B[ねぎ……………………5cm
　 しょうが…………小1かけ(5g)
　 にんにく…………小1片(5g)
酒………………………………大さじ1
しょうゆ………………………大さじ1/2
豆板醤(トーバンジャン)・砂糖……各小さじ1/4
酢・ごま油……………………各小さじ1

作り方

① Bの香味野菜をみじん切りにしてボールに入れ、中華だれの材料を合わせます。
② なすは5mm厚さの斜め切りにし、かぼちゃも同じ大きさに切ります。一緒に皿にのせてラップをかけ、電子レンジで約1分加熱して、少しやわらかくします。ししとうは切り目を入れます。
③ 別のボールに②の野菜を入れ、ごま油大さじ1/2をまぶしつけます。
④ 肉にAをふります。
⑤ グリルを温めます。まず野菜を強火で焼き、焼き色がついたらとり出します。
⑥ 続いて肉を焼きます。焼けたらとり出して3〜4cm長さに切り、熱いうちにたれにつけます。野菜と盛り合わせ、たれをかけます。

point 肉はもとの形のままのほうがグリルで焼きやすい

薄切り肉の料理

豚肉のカリカリソテー マスタードドレッシング

カリッと焼きあげるにはコツがあり！

カロリー	1人分：ロース421kcal　肩ロース412kcal
調理時間	25分　日もち　当日
献立例	トマトとバジルのパスタ・きのこのスープ

豚肉

材料（2人分）

豚しょうが焼き用肉
（ロース、肩ロースなど）……180g

A
- にんにくのすりおろし……小1片分（5g）
- しょうゆ……小さじ1/2
- 塩・こしょう……各少々

小麦粉……大さじ1
サラダ油……大さじ1

[ドレッシング]
- 粒マスタード……大さじ1
- レモン汁……大さじ1
- 塩・こしょう……各少々
- オリーブ油……大さじ1

[つけ合わせ]
- じゃがいも……大1個（200g）
- ルッコラ……1/2パック（20g）
- パルミジャーノ・レッジャーノチーズ
  （けずったもの）＊……少々

＊粉チーズでも。

作り方

① 豚肉にAをもみこみ、10分ほどおきます。
② つけ合わせのじゃがいもは1cm厚さの半月切りにして水にさらし、皿にのせてラップをし、電子レンジで約4分加熱します。
③ ドレッシングの材料を混ぜます。
④ 肉に小麦粉をまぶします。フライパンに油を熱して肉を中火で焼きます。途中で出てくる脂をスプーンでかけながらじっくり焼き、カリッとしたら、ペーパーにとり出します。
⑤ 皿にじゃがいもを敷き、肉とルッコラをのせます。ドレッシングをかけてチーズをのせます。

薄切り肉の梅しそ巻き

お弁当にも向く、かんたんおかず。
ちぎれず、巻きやすいもも肉が向きます

カロリー	1人分：205kcal		
調理時間	20分	日もち	当日
献立例	たまねぎのおかかあえ・枝豆のさやごと甘から煮・なすのみそ汁		

材料 （2人分）

豚薄切り肉(もも)	6枚(150g)
塩・こしょう	各少々
梅干し	1個(20g)
みりん	小さじ2
だいこん*(7〜8cm長さ)	70g
しその葉	10枚
焼きのり	1枚
サラダ油	大さじ1/2
塩・こしょう	各少々
[つけ合わせ]	
ブロッコリー	100g

＊ゆでたにんじんやさやいんげん、アスパラガスに代えても。

作り方

① 梅干しは果肉を包丁でたたき、みりんを混ぜます。
② しそは半分に切り、のりは肉の枚数に切ります。だいこんは3〜4mm角の棒状に切ります。
③ 肉を1枚ずつ広げ、塩、こしょうをふって、①と②を順にのせ、端から巻きます（肉の幅が狭い場合は、だいこんを斜めに置いて肉を斜めに巻く）。
④ フライパンに油を熱し、肉を巻き終わりを下にして入れ、焼き色がついたら肉を回して全面を焼きます。最後に塩、こしょうをふります。
⑤ ブロッコリーをゆでます。④を半分に切って、盛りつけます。

point  （写真左から）梅肉を塗ってしそをのせ、のりとだいこん2〜3本をのせて巻く

薄切り肉の料理

豚肉とキャベツの甘辛いため

中華の甘辛味はごはんに合います

カロリー	1人分：ロース274kcal　肩ロース267kcal　もも214kcal
調理時間	15分　　日もち　当日
献立例	セロリの甘酢あえ・冷やしトマト・中華味のコーンスープ

豚肉

材料（2人分）

豚しょうが焼き用肉
（ロース、肩ロースなど）……150g
A ┃ 酒・しょうゆ……各小さじ1
キャベツ………………2〜3枚(200g)
ねぎ………………………1/2本(50g)
にんにく……………………小1片(5g)
B ┌ 甜麺醤（テンメンジャン）……大さじ1/2
　├ 豆板醤（トーバンジャン）……小さじ1/2
　├ 酒・しょうゆ………各小さじ1
　└ かたくり粉…………小さじ1/4
サラダ油…………………大さじ1/2

作り方

① 肉は4〜5cm長さに切ります。Aをもみこみます。
② キャベツは4〜5cm角に切り、ねぎは5mm厚さの斜め切りにします。
③ にんにくはみじん切りにします。Bは合わせます。
④ 大きめのフライパンに油とにんにくを入れて中火にかけ、温まってきたら、肉を広げて入れます。肉の色が変わったら、②の野菜を加えて1〜2分いため、Bを加えて混ぜます。

豚肉とたまねぎのケチャップいため

冷蔵庫にある材料で作れます

材料（2人分）
豚薄切り肉（ロース、もも）…150g
A［塩・こしょう…各少々／酒…小さじ1］
たまねぎ…1/2個（100g）
ピーマン…2個
B［トマトケチャップ…大さじ3／酒…大さじ2
　　タバスコ…少々］
サラダ油…大さじ1

作り方
① 肉は長さを半分に切ります。Aをふります。
② たまねぎは5〜6mm厚さの薄切りにし、ピーマンはひと口大に切ります。
③ Bは合わせます。
④ 大きめのフライパンに油大さじ1/2を熱し、ピーマンを軽くいためてとり出します。
⑤ 油大さじ1/2をたして、たまねぎを軽くいためてから、肉を広げて入れます。肉に火が通ったら、Bを加えてからめ、ピーマンをもどします。

カロリー	1人分：ロース315kcal　もも255kcal
調理時間	10分　日もち　当日
献立例	きのこサラダ・レタスのスープ

豚肉とトマトの辛味いため

いため時間はあっという間

材料（2人分）
豚薄切り肉（もも、ロース、肩ロース）…150g
A［塩・こしょう…各少々／酒…大さじ1/2］
ししとうがらし…6本
トマト…1個（200g）
赤とうがらし…小1/2本
ごま油…大さじ1/2
B［しょうゆ…大さじ1／酢…大さじ1/2］

作り方
① 肉は長さを半分に切ります。Aをふります。
② ししとうは斜め半分に切り、トマトはひと口大に切ります。赤とうがらしは種をとり、小口切りにします。
③ 大きめのフライパンにごま油を熱し、肉を広げて入れ、ししとうと赤とうがらしも加えて強火でさっと焼きます。肉に火が通ったら、トマトとBを加えてさっといためます。

カロリー	1人分：もも198kcal　ロース258kcal
調理時間	7〜8分　日もち　当日
献立例	さといもの煮もの・ねぎのみそ汁

ゴーヤチャンプルー

脂肪のある肉で作るとコクがあっておいしい

薄切り肉の料理

カロリー	1人分：ばら395kcal　肩ロース328kcal
調理時間	15分
日もち	当日
献立例	なすの焼きびたし・もずくのしょうが酢

豚肉

材料（2人分）

- 豚薄切り肉（ばら、肩ロースなど）……100g
- A┌ 塩…少々／酒…小さじ1
- もめんどうふ……1/2丁(150g)
- 卵……1個
- ゴーヤ……1/2本(120g)
- 　塩……小さじ1/4
- サラダ油……大さじ1・1/2
- B┌ 酒……大さじ1/2
-   └ しょうゆ……小さじ1
- けずりかつお……1パック(4g)

作り方

① とうふは8つに切り、ペーパータオルにはさんで電子レンジで2分加熱して、水気をきります。

② ゴーヤは縦半分に切って種とわたを除き、端から3～4mm厚さに切ります。塩でもんで5分ほどおき、水気をきります。

③ 肉は5cm長さに切り、Aをふります。

④ 大きめのフライパンに油大さじ1を熱し、強めの中火でとうふの両面を焼いてとり出します。

⑤ 油大さじ1/2をたして、肉を広げて入れ、中火でいためます。ゴーヤを加えて軽くいため、とうふをもどし、Bで調味します。

⑥ 卵をほぐして仕上げに加え、混ぜて半熟で火を止めます。けずりかつおをふります。

point　とうふの水きりは電子レンジが早い。上下をペーパータオルでおおい、ラップなしで加熱

豚肉のキムチいため

免疫力アップの材料ばかり

カロリー	1人分：ロース261kcal　もも201kcal
調理時間	7～8分　日もち　当日
献立例	きゅうりの酢のもの・きのこ汁

材料（2人分）
豚薄切り肉（ロース、ももなど）…150g
はくさいキムチ…100g／にら…1束(100g)
にんにく…小1片(5g)／ごま油…小さじ1
A ┌ 酒…小さじ1
　└ しょうゆ…小さじ1
すりごま（白）…大さじ1/2

作り方
① にらは5cm長さに切り、にんにくはみじん切りにします。はくさいキムチはひと口大に切ります。
② 肉は5cm長さに切ります。
③ 大きめのフライパンにごま油とにんにくを入れて温め、肉を広げて加え、強火でいためます。肉の色が変わったら、キムチ、にらの順に加えていためます。鍋肌からAを回し入れて火を止め、すりごまを加えます。

肉をグチャッとまとめず、広げて焼くようにいためると、火通りと味のからみがよい

豚となすのみそいため

みそ味はごはんによく合います

カロリー	1人分：ばら405kcal
調理時間	20分　日もち　当日
献立例	だいこんサラダ・にらたまスープ

材料（2人分）
豚薄切り肉（ばら、切り落としなど）…150g
なす…2個(150g)／ししとうがらし…10本
しょうが…1かけ(10g)／豆板醤（トーバンジャン）…小さじ1/2
A ┌ 砂糖…大さじ1/2／赤みそ…大さじ1
　│ みりん・しょうゆ…各大さじ1/2
　└ 水…大さじ2
サラダ油…大さじ1

作り方
① 肉は5～6cm長さに切ります。
② なすは皮を縞にむき、1.5cm厚さの斜め切りにします。ししとうは大きければ斜め半分に切ります。しょうがは薄切りにします。
③ Aは合わせます。
④ フライパンに油を熱し、肉を強火でいためます。肉の色が変わったら中火にし、しょうがと豆板醤、なすとししとうと、順に加えていためます。つやよくなったらAを加えて2～3分いためます。

薄切り肉の料理

豚肉と野菜の揚げびたし

野菜もたっぷり。
2〜3日作りおけます

カロリー	1人分：肩ロース367kcal　もも314kcal
調理時間	30分（つけおき時間は除く）
日もち	冷蔵で3日
献立例	しらすのおろしあえ・にんじんのきんぴら

材料（2人分）

豚薄切り肉（肩ロース、ももなど）
　……………………………150g
　A〔塩…少々／酒…大さじ1/2〕
　かたくり粉……………………大さじ1
なす………………………………1個
かぼちゃ…………………………80g
さやいんげん……………………4本（30g）
揚げ油……………………………適量
［つけ汁］
　だし……………………………カップ1
　しょうゆ………………………大さじ1
　みりん…………………………大さじ1/2
　塩………………………………小さじ1/8
酢…………………………………大さじ1/2

作り方

① 豚肉は5cm長さに切り、Aをふります。
② なすは縦半分に切ってから斜め3等分に切ります。かぼちゃは7〜8mm厚さのくし形に切ります。さやいんげんは4cm長さに切ります。
③ 酢以外のつけ汁の材料をひと煮立ちさせて火を止め、酢を加えてさまします。
④ 肉にかたくり粉をまぶします。揚げ油を中温（160℃）に熱し、野菜をそれぞれ素揚げします。170℃に上げ、肉をカリッと揚げます。
⑤ ④が熱いうちに、つけ汁につけます。30分ほどで食べられます。

とん汁

豚肉でコクが出る定番人気の具だくさんみそ汁

カロリー	1人分：ばら245kcal
調理時間	20分
日もち	冷蔵で翌日
献立例	焼き鮭・こまつなと油揚げのいため煮

材料（2人分）

- 豚薄切り肉（ばら、切り落としなど） …… 80g
- だいこん …… 50g
- にんじん …… 20g
- じゃがいも* …… 小1個（100g）
- ごぼう …… 30g
- こんにゃく …… 1/4枚（50g）

［煮汁］
- だし …… カップ2
- 酒 …… 大さじ1/2
- みそ …… 大さじ2弱

［吸い口］
- ねぎ …… 8cm
- 七味とうがらし …… 少々

＊男爵やキタアカリなど煮くずれしやすいいもは、少し大きめに切ります。

作り方

① だいこん、にんじんは3〜4mm厚さのいちょう切りにします。じゃがいもは7〜8mm厚さのいちょう切りに、ごぼうは斜め薄切りにし、それぞれ水にさらして水気をきります。

② こんにゃくはさっとゆでてアクをとり、野菜と同じくらいの大きさに切ります。豚肉は2〜3cm幅に切ります。

③ 鍋に、①と②、だし、酒を入れて強火にかけます。沸とうしたらアクをとり、弱めの中火で約10分煮ます。

④ 野菜がやわらかくなったら、みそをとき入れます。椀に盛りつけ、ねぎを小口切りにしてのせ、七味をふります。

↓たっぷり野菜冷しゃぶ

野菜と肉を次々にゆでます。肉の脂が適度に落ちてヘルシー。
好みのたれでどうぞ

カロリー	1人分：ロース251kcal　もも196kcal　ばら335kcal　（たれなし）
調理時間	15分　　　　　　　　　　　日もち　当日
献立例	いかの煮もの・とうふとオクラのみそスープ

→手づくり冷しゃぶだれ

たれがひとつだと、
みな同じ味になりがち。
いろいろあるとあきません。
（写真右から、梅だれ、香味だれ、
にらじょうゆ、ごまだれ→材料p77）

薄切り肉の料理

豚肉

手づくり冷しゃぶだれの材料

すべて2人分で、いずれも混ぜるだけ。冷蔵庫で3～4日もちます

[梅だれ]
梅干し（果肉をたたく）
　……………1個（20g）
だし ……………大さじ3
しょうゆ………小さじ2
酒・みりん……各小さじ1

[香味だれ]
市販のぽん酢しょうゆ
　………………大さじ3
にんにくのすりおろし…少々
ねぎのみじん切り……小さじ1

[にらじょうゆ]
にら（きざむ）……1/4束（25g）
しょうゆ………大さじ2
コチュジャン…大さじ1/2
みりん…………大さじ1/2
いりごま（白）…小さじ1
粉とうがらし（または一味とうがらし）………少々

[ごまだれ]
練りごま………大さじ2
砂糖……………大さじ1
しょうゆ………大さじ2
みりん…………小さじ2
すりごま（白）…小さじ1

材料（2人分）

豚しゃぶしゃぶ用肉*	200g
グリーンアスパラガス	4本
ホワイトぶなしめじ	1/2パック（50g）
赤パプリカ	1/2個（80g）
かぼちゃ	120g
好みのたれ**	適量

＊ロース、肩ロース、ばら、ももなど。部位を組み合わせたセットものも売られています。
また、薄切り肉でも。

＊＊ごまだれやぽん酢しょうゆなど、市販品や手づくりのものをお好みで。

作り方

① 好みのたれの材料を合わせます。
② しめじは小房に分けます。アスパラガス、パプリカ、かぼちゃはともに、食べやすい大きさに切ります。
③ かぼちゃはラップをして、電子レンジで3～4分加熱します。
④ カップ3の湯をわかします。しめじ、アスパラガス、パプリカを順にゆでてとり出します。最後に、肉を広げて入れ、色が変わる程度ゆでて ⓐ、水気をきります。
⑤ 野菜と肉を盛り合わせ、たれを添えます。

＊ ゆでたあとの湯で、みそスープが作れます。湯約500mℓのアクをとり、スープの素少々とみそ大さじ1・1/2、具を加えます。

ⓐ肉全体の色が白っぽくなったらゆであがり

冷しゃぶの枝豆かんてんソース

口の中でとろけるソースで、いつものしゃぶしゃぶが目新しくなります

カロリー	1人分：ロース215kcal　もも161kcal　ばら299kcal
調理時間	20分（冷やし固める時間は除く）　日もち　当日
献立例	あさりの酒蒸し・かぼちゃのいため煮

材料（2人分）

豚しゃぶしゃぶ用肉 ……………………150g
A ┌ 水 ………………カップ2・1/2
　└ 酒 ………………カップ1/2
海藻サラダ ……………5g
レタス ……………1/4個
しその葉 ……………5枚
枝豆（さやつき）……………50g

[かんてんソース]
B ┌ 水 ………………カップ1
　└ 粉かんてん ………小さじ1/2
C ┌ スープの素 ………小さじ1/2
　│ 塩 …………………小さじ1/4
　│ しょうゆ …………小さじ2
　└ こしょう …………少々

作り方

① 枝豆はゆでて、さやと薄皮を除きます。
② 小鍋に、かんてんソースのBを合わせて火にかけ、沸とう後1～2分弱火で煮ます。Cを加えて溶かし、器に流してあら熱をとり、枝豆を加えて冷やし固めます。
③ 海藻サラダは表示のとおりにもどします。レタスは3～4cm角に切ります。しそは細切りにし、水にさらして水気をきります。
④ Aを沸とうさせ、肉をさっとゆで、水気をきります。
⑤ ③を合わせて盛りつけ、肉と、かんてんソースをのせます。

point　かんてんをフォークであらくくだいて、肉にかける

豚しゃぶ肉と野菜の蒸し煮

蒸すだけだからとってもかんたん。野菜もたっぷり食べられます

カロリー	1人分：ロース276kcal　もも212kcal　ばら374kcal　（たれなし）
調理時間	20分
日もち	当日
献立例	じゃがいもの梅あえ・だいこんと油揚げのみそ汁

材料（2人分）

- 豚しゃぶしゃぶ用肉（薄切り肉でも） ……160g
- キャベツ ……200g
- しめじ ……1パック(100g)
- ねぎ ……1/2本
- せり ……1束(150g)
- ミニトマト ……10個
- 酒 ……カップ1/4

[たれ3種]
- ぽん酢しょうゆ（市販）
- スイートチリソース（市販）
- みそマヨネーズソース
  - みそ ……大さじ1
  - マヨネーズ ……大さじ2
  - 練りがらし ……小さじ1/2
  - 水 ……大さじ1・1/2

＊野菜は手近にあるものでいろいろお試しください。

作り方

① キャベツは大きくちぎり、しめじはほぐします。ねぎは斜め薄切りに、せりは4cm長さに切ります。

② 土鍋や深めのフライパンに、キャベツ、しめじ、ねぎ、せりを順に重ねて入れ、上に肉を広げてのせます。ミニトマトを散らします。

③ 肉の上から酒を回しかけ、ふたをして7〜10分中火で加熱します（土鍋はひびが入らないように強火ではなく中火にし、汁気がなくならないように注意）。

④ 好みのたれを用意し、蒸しあがったところをつけて食べます。

point 鍋からあふれるくらいあっても、蒸すと半分くらいになる。深めのフライパンでも作れる

薄切り肉の料理

ヤム・ヌア

タイ風の牛肉サラダ。肉を多めにすると主菜にもなります

カロリー	1人分：肩ロース277kcal　もも196kcal
調理時間	15分　日もち　当日
献立例	タアサイのにんにくいため・しいたけと春雨のピリ辛スープ

牛肉

材料（2人分）

- 牛薄切り肉（肩ロース、ももなど）……150g
- 塩・こしょう……各少々
- サラダ油……大さじ1/2
- 紫たまねぎ……1/2個（50g）
- きゅうり……1/2本
- 香菜（シャンツァイ＝パクチー）……2本

[ドレッシング]
- にんにく*……小1/2片（3g）
- 赤とうがらし……1.5cm
- レモン汁……大さじ1
- ナンプラー……大さじ1
- 砂糖……小さじ1

＊にんにくは生なので少量で充分な香りです。

作り方

① 牛肉を広げて並べ、片面に塩、こしょうをふります。

② フライパンに油を熱し、肉を広げながら入れてさっと焼きます。裏返して赤みが残るくらいで火を止め、1〜2分おいてからとり出し、3cm長さに切ります。

③ 紫たまねぎは薄切りにし、水に放して軽くもみ、水気をきります。きゅうりは縦半分に切ってから斜め薄切りにします。香菜は3cm長さに切ります。

④ にんにくはすりおろし、赤とうがらしははさみで細かく切ります。

⑤ ドレッシングの材料をボールに合わせ、肉、たまねぎ、きゅうりをあえます。香菜を散らします。

薄切り牛肉の重ね焼き 野菜ソース

薄切り肉をステーキ風に。ごはんにも合います

カロリー	1人分：肩ロース406kcal　もも297kcal
調理時間	20分
日もち	当日
献立例	粉ふきいも・きのこの豆乳スープ

材料 （2人分）

- 牛薄切り肉* ……… 200g
- かたくり粉 ……… 大さじ1
- サラダ油 ……… 大さじ1/2
- A
  - 酒・しょうゆ ……… 各大さじ1
  - みりん ……… 大さじ1/2
  - 砂糖 ……… 小さじ1/2

[野菜ソース]
- セロリ ……… 30g
- きゅうり ……… 1/4本
- ミニトマト ……… 4個
- B
  - 砂糖 ……… 小さじ2
  - 酢 ……… 小さじ2
  - 塩 ……… 少々

＊肩ロース、ももなどお好みで。

作り方

① 野菜ソースの野菜は5mm角に切り、Bであえます。
② 肉を2等分し、それぞれ手の平の大きさに折って重ねます。両面にかたくり粉をつけます。
③ フライパンに油を熱し、②を強火で焼いて、両面に焼き色がついたら一度とり出します。
④ フライパンの油をふき、Aを入れて火にかけます。煮立ってきたら肉をもどしてからめ、皿にとり出します（箸で食べる場合は切ってから）。野菜ソースをかけます。

point 薄切り肉の端を適当に折り曲げて重ねる

薄切り肉の料理

薄切り牛肉のバターじょうゆ焼き

薄切りの肉を主菜に。シンプルイズベスト

牛肉

カロリー	1人分：肩ロース313kcal　もも232kcal
調理時間	10分
日もち	当日
献立例	ミニトマトとオクラのごまあえ・たまねぎのみそ汁

材料（2人分）

- 牛薄切り肉（肩ロース、ももなど）……150g
- 塩……小さじ1/6
- こしょう……少々
- バター……15g

［つけ合わせ］
- クレソン……1/2束
- みょうが……1個
- だいこん……150g
- レモンの輪切り……2枚
- しょうゆ……少々

作り方

① だいこんはすりおろし、ざるにとります。みょうがはせん切りにし、クレソンはざく切りにします。
② バターは盛りつけ用に5gをとりおきます。
③ 肉の片面に塩、こしょうをふります。フライパンにバター10gを入れて中火にかけ、溶けかけたら肉を広げて入れ、手早く焼きます。
④ ①をざっと混ぜて皿に盛り、肉を盛りつけてバターをのせます。レモンを添え、だいこんおろしにしょうゆをかけます。

point
バターがこげないようにして焼くと、風味よく焼ける

薄切り牛肉の包み焼き

お得な切り落とし肉は見逃せません。見栄え立派なメインディッシュに

カロリー	1人分：367kcal		
調理時間	20分	日もち	当日
献立例	アボカドとトマトのサラダ・パスタ入り角切り野菜のスープ		

材料 （2人分）

- 牛切り落とし肉 150g
- 塩・こしょう 各少々
- たまねぎ 小1個（150g）
- チーズ＊（薄いひと口大に切る） 50g
- 小麦粉 大さじ1
- オリーブ油 大さじ2
- イタリアンパセリ 少々
- ［ソース］
  - A ┌ バルサミコ酢 大さじ3
  -   └ しょうゆ 大さじ1

＊カマンベール、モッツァレラ、チェダーなど好みのものを使います。

point ラップで肉をはさみ、たたいてつなぎ合わせる。ラップを利用して包む

作り方

① たまねぎは薄切りにし、肉の中身用とトッピング用に2等分します。

② ラップを広げ、その上に牛肉の半量を広げて15cm大にし、ラップをかぶせ、合わせ目を肉たたきやびんの底などで軽くたたいてつなげます。もう1枚作ります。

③ 肉に塩、こしょうをふり、中央にたまねぎ、チーズ、たまねぎを順に重ねて置き、肉で包みます。まわりに小麦粉をまぶします。

④ 深めのフライパンに油を中火で熱してトッピング用のたまねぎを入れ、フライパンを傾けて油をためた中でカリッとするまで揚げます（火が入らないように注意）。たまねぎだけをペーパーにとり出します。

⑤ 続いて③を包み終わりを下にして入れます。焼き色がついたら裏返し、ふたをして弱火で2～3分焼きます。

⑥ ⑤にAを加えてからめ、皿にとり出します。残ったソースを煮つめてかけ、揚げたたまねぎをのせて、パセリを添えます。

青椒肉絲 (チンジャオロースー)

薄切り肉の料理

ごはんに合う定番おかず。オイスターソースと、いつもの調味料で作れます

カロリー	1人分：227kcal
調理時間	20分
日もち	冷蔵で翌日
献立例	中華茶碗蒸し・きゅうりの甘酢あえ

材料（2人分）

- 牛もも肉（薄切り）＊ ……… 100g
- A
  - 酒・しょうゆ …… 各小さじ1
  - サラダ油 ………… 小さじ1
  - かたくり粉 ……… 小さじ1
- ピーマン（赤を混ぜても）… 4個（160g）
- ゆでたけのこ（太い部分）… 50g
- ごま油 …………………… 大さじ1
- B
  - しょうが ………… 小1かけ（5g）
  - にんにく ………… 小1片（5g）
- C
  - 酒 ………………… 大さじ1
  - オイスターソース … 大さじ1/2
  - しょうゆ ………… 小さじ1
  - 塩 ………………… 小さじ1/8

＊脂肪や筋が入っていないほうが細く切れて、形よく仕上がるのでもも肉が向いています。

作り方

① 肉は5〜6cm長さに切り、肉の繊維にそって1cm幅の細切りにします。ボールに入れ、Aを順にもみこみます。

② ピーマン、たけのこは3〜4mm太さの細切りにします。

③ Bはみじん切りにします。Cは合わせます。

④ 大きめのフライパンにごま油大さじ1/2を熱し、②の野菜を軽くいためてとり出します。

⑤ 続いて、ごま油大さじ1/2とBを熱し、肉を加えてほぐしながらいためます。色が変わったらCを加えて混ぜ、最後に野菜をもどして混ぜます。

牛肉

point 肉の繊維にそって切ると、いためてもちぎれない

point 油を混ぜると肉がやわらかく仕上がり、鍋につきにくい

かぶ入り肉どうふ

野菜やとうふもたっぷりで栄養バランスのよいおかず

カロリー	1人分：306kcal		
調理時間	15分	日もち	冷蔵で翌日
献立例	ほたての刺し身・やまいものサラダ梅肉ドレッシング		

材料（2人分）

- 牛切り落とし肉……120g
- A
  - しょうゆ……大さじ1
  - みりん……大さじ1/2
- もめんどうふ……1/2丁(150g)
- かぶ(葉つき)＊……中2個(300g)
- ねぎ……1本
- B
  - だし……カップ1/2
  - 砂糖……大さじ1/2
  - しょうゆ……大さじ1
  - 酒……大さじ1
- サラダ油……大さじ1/2

＊葉がないときは、青菜100gで。

作り方

1. 肉は大きければひと口大に切り、Aをもみこみます。
2. かぶは葉を切り離し、実は6つのくし形に切ります。葉は4cm長さに切ります。
3. ねぎは2cm長さの斜め切りにします。とうふは8等分に切ります。Bは合わせます。
4. 大きめの鍋に油を熱し、かぶの実を軽くいため、Bを加えます。沸とうしたら、ふたをずらしてのせ、中火で2〜3分煮ます。
5. 肉、ねぎ、かぶの葉、とうふを加え、強火にし、アクをとって、ふたなしで2〜3分煮つめます。

すき焼き

ロース肉でも、もも肉でも、焼きすぎないうちに食べるのが、やわらかくて美味です

薄切り肉の料理

牛肉

カロリー	1人分：リブロース873kcal　肩ロース736kcal　もも573kcal　（4人分の場合）
調理時間	10分
日もち	冷蔵で翌日
献立例	麩ときゅうりの酢のもの・はくさい漬け

味つけは地域によって分かれるようです。だしで割った割り下で焼き煮にする方法と、調味料を直に加えて焼きつける方法があります。

すき煮

鍋を出すほどではなく、かんたんに作りたいときに

材料（2人分）
- 牛薄切り肉（もも、肩ロースなど）……150g
- こまつな……1/3束（100g）
- まいたけ……1/2パック（50g）
- 焼きどうふ……小1丁（200g）

[煮汁]
- だし……カップ1/2
- 砂糖……大さじ1/2
- みりん……大さじ1/2
- 酒……大さじ1
- しょうゆ……大さじ1

作り方
① 肉、野菜、とうふは食べやすい大きさに切ります。
② 大きめの鍋に煮汁をわかし、牛肉を広げて入れます。
③ アクをとって肉を片側に寄せ、野菜ととうふを加えます（こまつなの葉は残す）。落としぶたをし、中火で7～8分煮ます。
④ 最後に葉を加え、しんなりしたら火を止めます。

材料（4～6人分）
- 牛すき焼き用肉……600g
- 牛脂（またはサラダ油）……適量
- ねぎ……2本
- しらたき……1袋（200g）
- 焼きどうふ……1丁（300g）
- しゅんぎく……1束（200g）
- しいたけ……8個
- 卵……人数分

↓調味はA、Bいずれかを用意します。

[A：割り下]
- 砂糖……大さじ3
- みりん……カップ1/2
- しょうゆ……カップ1/2
- だし……カップ3/4

[B：直に調味]
- 砂糖……大さじ5
- しょうゆ……カップ1/2

作り方
① しらたきは食べやすく切り、熱湯でさっとゆでてアクを抜きます。
② ねぎは厚めの斜め切りに、しゅんぎくは長さを半分に、とうふはひと口大に切ります。しいたけは中央に十字の飾り切りを入れます。
③ ①、②と、牛肉を皿に並べ、AかBの調味料、人数分の卵を用意します。
④ 食卓で鍋を熱して牛脂を溶かし、肉（ねぎを一緒に焼いても）をひと並べして香ばしく焼き色をつけます。

[**割り下調味**] 焼けた肉（とねぎ）を寄せて、ほかの具を加え、割り下を底一面に広がるくらい加えて焼きます。具と割り下をたしながら焼きます。

[**直に調味**] 砂糖としょうゆを加減して加えて肉にからめて香ばしく焼いてから、他の具を入れます。具の水分が出てくるので味をみながら調味料をたします。煮汁が煮つまってきたときは、湯または酒を加えます。

＊残った煮汁もおいしいので、うどんやごはんを加えて食べるとよいでしょう。

薄切り肉の料理

↓ 肉じゃが

切り落とし肉でOK。
主菜にも副菜にもなる、大人気おかず

カロリー	1人分：294kcal
調理時間	20分
日もち	冷蔵で翌日
献立例	焼き魚・こまつなと油揚げのからしあえ・わかめのみそ汁

牛肉

材料（2人分）

牛切り落とし肉＊ ……… 100g
じゃがいも＊＊ ……… 2個（300g）
たまねぎ ……… 1/2個（100g）
しらたき ……… 1/2袋（100g）
さやえんどう ……… 5枚（10g）

[煮汁]
　だし ……… カップ1
　砂糖 ……… 大さじ1・1/2
　酒 ……… 大さじ2
　しょうゆ ……… 大さじ2

＊豚肉でも作れます。
＊＊写真のじゃがいもはメークイン。男爵いもは、より煮くずれた感じに煮あがります。

作り方

① じゃがいもは3～4cm大の乱切りにし、水にさらして水気をきります。たまねぎは2cm幅のくし形に切ります。しらたきは食べやすい長さに切って、さっとゆでてアクをとります。

② 鍋に煮汁の材料と肉を入れ、肉をほぐしてから強火にかけます。沸とうしたらアクをとり、①を加えます。落としぶたをし、鍋のふたをずらしてのせ、弱めの中火で10～12分煮ます。

③ さやえんどうは筋をとり、さっとゆでて斜め切りにします。

④ 鍋のふたをとり、強火にして煮汁をとばし、汁が少し残る程度で火を止めます。盛りつけて③を散らします。

牛肉の卵とじ

丼にしてもおいしい。
牛肉とごぼうの味がよく合います

カロリー	1人分：274kcal		
調理時間	15分	日もち	当日
献立例	キャベツと青しその浅漬け・五目豆・じゃがいもとたまねぎのみそ汁		

材料（2人分）

- 牛切り落とし肉 …… 100g
  - A ⎡ 酒・しょうゆ …… 各小さじ1
- ごぼう …… 60g
- ねぎ …… 1/2本
- 卵 …… 2個
- 粉さんしょう …… 少々
- ［煮汁＊］
  - だし …… 150ml
  - 砂糖 …… 大さじ1/2
  - 酒 …… 大さじ1・1/2
  - しょうゆ …… 大さじ1・1/2
  - みりん …… 大さじ1

＊煮汁は市販のめんつゆを利用しても。

作り方

① 肉にAをふります。
② ねぎは斜め薄切りにします。ごぼうは皮をこそげ、3～4cm長さのささがきにし、水にさらして水気をきります。
③ フライパンに、煮汁の材料とごぼうを入れてふたをし、中火で3～4分煮ます。ごぼうがやわらかくなったら、ねぎをのせ、肉を広げながらのせます。
④ 沸とうしたらアクをとり、卵をほぐして回し入れます。半熟になったら火を止めます。
⑤ 盛りつけて、粉さんしょうをふります。

牛丼

ガツンと食べたいときに。
つゆだくでどうぞ

カロリー	1人分：499kcal		
調理時間	15分	日もち	冷蔵で翌日
献立例	かぶのサラダ・青菜のみそ汁		

材料（2人分）
- 牛切り落とし肉 …… 150g
- たまねぎ …… 1/2個（100g）
- A
  - 砂糖 …… 大さじ1/2
  - みりん …… 大さじ1/2
  - しょうゆ …… 大さじ2
- だし …… 150ml
- 紅しょうが …… 少々
- 温かいごはん …… 2膳分（300g）

作り方
1. たまねぎは7〜8mm幅に切ります。
2. 鍋にAを煮立て、肉をほぐしながら入れます。強火で2分ほど、いりつけるように煮てから、たまねぎとだしを加えます。沸とうしたらアクをとり、弱めの中火で、ふたをして10分ほど煮ます。途中時々混ぜます。
3. 丼にごはんをよそい、②をのせて、紅しょうがを添えます。

牛肉のしぐれ煮

調味料だけの濃い味で煮ます。
冷蔵庫で数日もつ常備菜

カロリー	1人分：264kcal		
調理時間	10分	日もち	冷蔵で3日
献立例	刺し身・ひじきと野菜のサラダ		

材料（4人分）
- 牛薄切り肉（切り落としでも） …… 300g
- しょうが …… 1かけ（10g）
- ［煮汁］
  - 砂糖 …… 小さじ1
  - 酒 …… 大さじ3
  - みりん …… 大さじ2
  - しょうゆ …… 大さじ2

作り方
1. 牛肉は3cm長さに切ります。
2. しょうがはせん切りにします。
3. 鍋に牛肉、しょうが、煮汁の調味料を入れて混ぜます。中火で混ぜながら煮、煮汁が少なくなったら火を止めます。

肉が生のうちにほぐしておくと、だんご状にならない

ビーフストロガノフ

ロシア料理ではサワークリームを使うところをヨーグルトで仕上げ、あっさりと

カロリー	1人分：674kcal
調理時間	25分
日もち	冷蔵で翌日、冷凍で1～2週間
献立例	グリーンサラダ・ミニトマトのスープ

材料（2人分）

- 牛薄切り肉(切り落としでも)……150g
  - 塩・こしょう……各少々
  - 小麦粉……小さじ2
- たまねぎ……1個(200g)
- にんにく……小1片(5g)
- マッシュルーム水煮(スライス)……50g
- バター……15g
- A
  - 水……150ml
  - 固形スープの素……1/2個
  - ローリエ……1枚
  - 塩・こしょう……各少々
  - ドミグラスソース……大さじ2
- プレーンヨーグルト……50ml

[ごはん]
- 温かいごはん……300g
- バター……10g
- パセリのみじん切り……小さじ1

[つけ合わせ]
- ゆで野菜(スナップえんどう、カリフラワー、ブロッコリーなど)……適量

作り方

① たまねぎは薄切り、にんにくはみじん切りにします。
② 肉はひと口大に切り、塩、こしょうをふって、小麦粉をまぶします。
③ 鍋にバター15gを溶かし、弱めの中火で、①を薄く色づくまでいためます。
④ 肉を加えていため、色が変わったら、Aとマッシュルーム(汁ごと)を加えて強火にします。沸とうしたらアクをとり、弱火にしてふたをずらしてのせ、10分ほど煮ます。
⑤ 最後にヨーグルトの半量を加えて火を止めます。
⑥ ゆで野菜を用意します。ごはんにバターとパセリを混ぜて盛りつけ、⑤をかけます。残りのヨーグルトをかけ、野菜を添えます。

point たまねぎの上に肉をのせていため始めれば、鍋肌につきにくい

⬇ 牛肉のタイ風カレー

材料さえそろえば意外にかんたん。
辛味がきいてやみつきになります

カロリー	1人分：肩ロース722kcal　もも613kcal
調理時間	30分
日もち	冷蔵で翌日
献立例	りんごとキャベツのサラダ・ミルクゼリー

薄切り肉の料理

牛肉

➡ タイ風ひき肉サラダ

エスニックな香りの
かんたん料理をもう一品。
ミントを香味に使う
ひき肉いためで、
野菜と一緒に食べます
(→作り方p93)。

タイ風ひき肉サラダの作り方

いったもち米の食感も楽しい

材料 (2人分)

- 牛ひき肉………………100g
- ししとうがらし………6本
- 赤とうがらし…………2〜3本
- ミント…………………10枝
- A
  - にんにく……小1片(5g)
  - たまねぎ……1/4個(50g)
- サラダ油………………大さじ1
- B
  - ナンプラー……大さじ1/2
  - レモン汁………大さじ1/2
  - カレー粉………少々
  - 塩・こしょう…各少々
- もち米…………………大さじ1
- レタス…………………1/4個

作り方

① フライパンでもち米を、弱火で5分ほどいります。
② Aはみじん切りにします。赤とうがらしは種をとり、ミントは半量を残して葉をつみます。
③ フライパンに油を熱し、Aと赤とうがらしをさっといためてから、ひき肉をよくいため、ししとうを加えます。Bで調味し、火を止めてミントの葉を加えます。
④ レタス、ミントと盛りつけ、もち米を散らします。

point
香味野菜と、エスニックな材料を用意すれば、作り方はかんたん

材料 (2人分)

- 牛薄切り肉(肩ロース、ももなど)…………200g
- オクラ……………………4本
- 赤ピーマン………………1個(40g)
- ゆでたけのこ……………50g
- サラダ油…………………大さじ1

[香味野菜類]
- A
  - 赤とうがらし……………2〜3本
  - たまねぎ…………………30g
  - 香菜(シャンツァイ=パクチー)…1株(10g)
  - しょうが…………………1かけ(10g)
  - にんにく…………………1片(10g)
- トマトペースト*…………30g

[煮汁など]
- B
  - ココナッツミルク………1/2缶(200ml)
  - 湯…………………………カップ2
- カレールウ(中辛)…………10g(約1/2皿分)
- ナンプラー………………小さじ1/2

[ごはん] 温かいごはん…………2膳分(300g)

*トマトを濃縮したもの。

作り方

① Aの赤とうがらしは半分に切って種をとります。香菜は飾り用に少しとりおき、残りと、たまねぎ、しょうが、にんにくをみじん切りにします。
② オクラは斜め半分に切り、ピーマンとたけのこは3cm長さの細切りにします。牛肉は3〜4cm長さに切ります。
③ 深めのフライパンに油を熱し、Aを入れて弱めの中火で約5分、こげないようにいためます。トマトペーストを加えます。
④ 肉、野菜を順に加えていため ⓐ、Bを加えます。沸とうしたらアクをとり、ふたをずらしてのせ、弱火で7〜8分煮ます。時々混ぜます。
⑤ 仕上げにカレールウを加えて煮溶かし、ナンプラーで味をととのえます。ごはんと盛りつけます。

ⓐ 茶色にいためた香味野菜が味のベース。あとは肉、野菜をいため合わせて煮る

ハヤシライス

薄切り肉の料理 / 牛肉

ハッシュドビーフ由来の日本の定番家庭料理。トマトとドミグラスの味で煮こみます。

カロリー	1人分：肩ロース766kcal　もも657kcal
調理時間	50分
日もち	冷蔵で翌日、冷凍で1～2週間
献立例	さやいんげんのサラダ・りんご入りヨーグルト

材料（2人分）

- 牛薄切り肉＊……200g
- A ┌ 塩…小さじ1/4／こしょう…少々
- 　└ 小麦粉……大さじ1
- マッシュルーム水煮（スライス）……30g

[煮汁]

- B ┌ たまねぎ……大1個（250g）
- 　│ にんにく……小1片（5g）
- 　│ バター……10g
- 　└ 小麦粉……大さじ1
- C ┌ トマトミックス野菜ジュース＊＊……200ml
- 　│ 赤ワイン・水……各50ml
- 　│ ドミグラスソース……大さじ3（50g）
- 　│ 固形スープの素……1/2個
- 　└ ローリエ……小1枚
- D ┌ ウスターソース……大さじ1/2
- 　└ 塩・こしょう……各少々

[ごはん] 温かいごはん……300g

＊肩ロース、ももなど。切り落とし肉でも。
＊＊トマトジュースでも。

作り方

① Bのたまねぎは5mm厚さに切り、にんにくはみじん切りにします。

② 牛肉は4～5cm長さに切り、広げてAをふり、小麦粉をまぶします。

③ 深めのフライパンにバター5g（材料外）を弱火で温め、肉を入れてほぐします。強火にし、動かさずに30秒ほど焼き、裏返して同様に焼き色をつけ、とり出します。

④ 続いてBのバター10gと①を入れ、強めの中火でいためます。水分をとばしながら次第に火を弱めて、鍋肌についた部分をこそげながら10～15分いためます。濃い茶色になったら弱火にし、小麦粉大さじ1を加えて2～3分いためます。

⑤ 続いて、C、肉、マッシュルームを加えて強火にし、煮立てます。アクをとってふたをずらしてのせ、弱火でとろみがつくまで約15分煮ます。時々鍋底から混ぜます。

⑥ 最後にDで味をととのえます。ごはんにかけます。

とり肉の料理

とり肉の特徴と使い方

ヘルシーさが自慢です

とり肉はくせがなくて食べやすいので、子どもからお年寄りまで幅広く好まれます。煮ものや蒸しもの、グリル焼きなど油を使わない料理にも向くため、ヘルシーに食べられます。とり肉の脂肪はコレステロールを下げるとされる不飽和脂肪酸の割合が牛や豚に比べて多く、また、脂肪が肉の中に入りこんでいないのでとり除けます。

ささみ
やわらかい

笹の葉の形に似ているので笹身。手羽の奥にあるやわらかい1対の肉。高たんぱく・低脂肪は肉の中でもトップ。中ほどに1本ある白い筋は、除いて使う。

手羽肉
コクがある

コクのある味わいで、たんぱく質の一種のコラーゲンを多く含む。上腕部の「手羽元」と下腕部の「手羽先」に分けて売られる。手羽先の先端を切り離した「手羽中」も。手羽中は食べやすく肉も多いため、さらに2つ割りにしたものも売られている。

手羽元

手羽先

手羽中

もも肉
しっかりした肉質

よく動かす部分なので、しっかりとした肉質で脂肪もあり、コクがある。もも肉は「骨つきもも肉」の骨をはずしたもの。筋があり、形のまま使う場合は筋を切ると焼き縮みが減る。

骨をとる↓
身側　皮側

こま切れ肉

形のそろっていない肉のこと。部位が混ざっている。親子丼や雑煮など、ごはんもの、汁ものの味出し用に。

とり肉の目利き

鮮度のよいとり肉は、身がしまって弾力があり、毛穴は盛り上がり、皮の表面がべとつかずサラッとしている。いたみやすいため、翌日までに食べる。

料理に合った部位選び

とり肉の料理は、特に部位を選ぶものは少なく、ほぼどの部位でも作れます。

から揚げ
うま味のあるもも肉が、から揚げ用に切って売られています。むね肉も食べやすく、竜田揚げやフライドチキンのように濃い味つけに合います。手羽などの骨つき肉を揚げると、うま味とボリュームが加わります。

鍋もの、煮こみ料理、スープ
うま味がよく出るのは、もも肉や、手羽などの骨つきの肉です。

照り焼き・焼きとり
もも肉やむね肉で。

親子丼・汁もの
もも肉やむね肉で。こま切れ肉でも。

サラダ、あえもの
淡泊な味が合い、むね肉、ささみをよく使います。加熱した身はほぐしやすい。

むね肉
やわらかい　　身側　皮側

胸のやわらかい肉で脂肪は少ない。あっさりとした味を生かし、蒸しどりやサラダによく使う。またチキンカツやグラタンなど、油や乳製品と合わせるとコクが出る。加熱しすぎるとパサつきやすい。

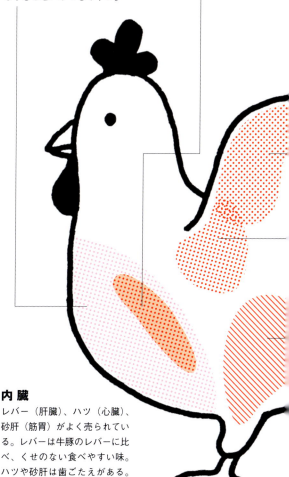

ハツ

レバー

砂肝

内臓
レバー（肝臓）、ハツ（心臓）、砂肝（筋胃）がよく売られている。レバーは牛豚のレバーに比べ、くせのない食べやすい味。ハツや砂肝は歯ごたえがある。鮮度のよいものを求める（料理→p173）。

とり肉の調理のコツ

下ごしらえのコツ

余分な脂肪をとる
黄色っぽい脂肪が、皮と身の間や肉の間にあります。皮からはみ出ている分や目立つ脂肪を切りとります。全部とろうとすると、皮もはがれてしまい、うま味がなくなってしまうのでほどほどにします。キッチンばさみを使うととりやすい。

筋を切る
もも肉は大きな筋があって焼き縮みしやすいため、形のまま加熱する場合は、2〜3cm間隔で浅く切り目を入れます。ささみの筋は筋の両脇に切りこみを入れてから、包丁を当てて、引いてとります。

皮に穴をあける
皮側の味のしみこみや火通りをよくするために、竹串やフォークで皮側をつついて穴をあけます。

皮を下にして切る
皮がはがれないように切り分けるには、皮を下にして置き、包丁の刃先を引いて皮までしっかり切り離します。

肉の厚みをそろえる
もも肉やむね肉は1枚の厚みが不均一。加熱ムラになるので、厚い部分の身をそいで開き、厚みを均一にします。肉の中央に切り目を入れて左右に身を開くことを、観音様の厨子の扉にならい、「観音開き」と呼びます。

関節を切る
手羽先や骨つきもも肉を切り分けるときは、曲がっている部分の関節をさぐり、骨と骨の間に包丁の刃を入れて切ります。

下味のコツ

もみこむ
肉に下味をつけるときに、手でもみこむと味がよくしみこみます。ポリ袋を利用してもみこんでも。

かたくり粉でコーティング
下味の最後に、かたくり粉をもみこんだり、まぶしたりして肉をコーティングすると、肉のうま味や水分が逃げません。加熱でパサつきやすいむね肉やささみも、ふっくらと仕上がります。

加熱のコツ

グリルでおいしく焼くには
グリルで焼くときは皮をカリッとするくらいによく焼いて、脂を適度に落とすとおいしく焼けます。落ちた脂に火が入らないように、グリルの機種によっては受け皿に水をはります。

皮をカリッと焼くには
フライパンで皮つきを焼くときは、皮側を先に焼き、フライ返しで押しつけながら焼くと、余分な脂肪が出てカリッと香ばしく焼けます。このときフッ素樹脂加工の鍋なら、油をひかなくてもくっつかずに焼けます。

きれいに揚げるには
肉の揚げものは水分が蒸発して火が通るまでに少し時間がかかるため、強火では外側だけこげてしまいます。中火程度で時間をかけて揚げるのがコツ。ひと口大のから揚げなら3〜4分かけて揚げます。
さらに、揚がりぎわに強火にして10秒ほど加熱すると油ぎれがよく、カラリと揚がります。

鍋に出る肉の脂が多い場合は、ペーパーでとると、仕上がりが脂っぽくなりません。

丸どりのローストチキン

ごはんを詰めて、
野菜も一緒に焼きあげます

カロリー	1人分：455kcal		
調理時間	50分（つけおき時間は除く）	日もち	冷蔵で翌日
献立例	トマトとバジル、チーズのサラダ・クレソン入りポタージュ		

→ とり分けるときは、手羽とももを切りとり、胴は4等分くらいに切るとよいでしょう。

材料（6人分・1羽分）

丸どり* ……………………………… 1羽（約1kg）

A
- 塩 ……………………………… 大さじ1/2
- しょうゆ ……………………… 大さじ1・1/2
- 白ワイン ……………………… 大さじ2
- こしょう ……………………… 少々

たこ糸またはもめん糸 ……… 約30cm
竹串 ………………………………… 3〜4本

[詰めもの]
- 温かいごはん ………………… 200g
- たまねぎ ……………………… 1/4個（50g）
- バター ………………………… 10g
- くるみ ………………………… 20g
- レーズン ……………………… 20g
- 塩 ……………………………… 小さじ1/6
- こしょう ……………………… 少々

[野菜]
- じゃがいも …………………… 2個（400g）
- たまねぎ ……………………… 1個（200g）

B
- 塩 ……………………………… 小さじ1/4
- こしょう ……………………… 少々
- オリーブ油 …………………… 大さじ1/2

- にんじん ……………………… 小1本（100g）
- ブロッコリー ………………… 1/2個（150g）

[溶かしバター]

C
- バター ………………………… 30g
- にんにくのすりおろし … 小1片分

*冷凍のものは解凍しておきます。

作り方

[前日・とりの下ごしらえ]

① とり肉を洗い、水気をよくふきます。

② 厚手のポリ袋にAを入れて混ぜ、肉を入れて内外によくもみこみます。空気を抜いて袋の口をしばり、冷蔵庫にひと晩（約8時間）おきます ⓐ。

[当日・下ごしらえ]

③ [野菜] 1) じゃがいもは丸ごと電子レンジで約8分加熱します（途中上下を返す）。4つ割りにします。たまねぎは皮つきのまま8つ割りにします。両方をボールに合わせ、Bをからめます。 2) にんじんは1cm厚さの輪切りに、ブロッコリーは小房に分けて、一緒に電子レンジで約2分加熱します。

④ [詰めもの] 1) たまねぎはみじん切りにし、電子レンジで3分加熱し、バターを混ぜて溶かします。 2) くるみはあらくきざみ、レーズンは湯につけてやわらかくします。 3) 詰めものの材料を混ぜます。

[詰めて、焼く（25分＋10分）]

⑤ とり肉の汁気をふきとり、腹に詰めものを詰めます ⓑ。竹串で口を閉じ、足を糸でしばります。首皮や手羽の部分にも竹串を刺して形を整えます ⓒ。

⑥ 1) オーブン皿にアルミホイルを敷いて肉をのせ、240℃のオーブンでまず約25分焼きます（その間にCのバターを湯せんにかけて溶かし、にんにくを混ぜます）。 2) 続いて、じゃがいもとたまねぎを肉のまわりにのせ、肉にCを塗り ⓓ、さらに10分焼きます。 3) 竹串を刺して、抜いた穴から透明な汁が出れば焼きあがりです（赤い汁ならまだ）。肉の糸や竹串をはずして野菜と盛りつけ、にんじんとブロッコリーも盛りつけます。

＊ 肉が1.5kgくらいなら、材料も1.5倍にし、最初の焼き時間を10〜15分長くします。

↓ タンドリーチキン

つけこんで焼くだけなので、
作りおきにも重宝します

カロリー	1人分：276kcal		
調理時間	30分（つけおき時間は除く）	日もち	生肉をつけ汁につけて冷蔵で翌日。焼いて冷蔵3日
献立例	野菜スティック・豆入りスープ		

→ 骨なし肉で

骨つき肉で作るとボリュームが出ますが、
ふだんのおかずならふつうの
もも肉で作っても。
パンやチャパティ（→作り方p103）にはさんで
軽食にも喜ばれます。

チャパティの作り方

インドの主食で、イーストを使うナンよりも手軽に作れます

材料（8枚分）
強力粉……………150g
熱湯………………100〜110ml
打ち粉（強力粉）・
　サラダ油………各適量

作り方
① ボールに熱湯を入れて、強力粉を加え、箸で混ぜます。さわれるようになったら、手でよくこねます。
② 生地がなめらかになったら、8等分にし、打ち粉をふった台の上で、直径12cmほどに丸くのばします。

③ フライパンに油少々を塗り、弱火で両面を焼きます。

材料（4人分）
骨つきとりもも肉（ぶつ切り肉）＊……600g
　塩…小さじ2/3／こしょう…少々
[つけ汁]
　プレーンヨーグルト＊＊……100ml
　カレー粉…………………………大さじ1
　レモン汁…………………………大さじ1
　トマトケチャップ………………大さじ1/2
　にんにく（すりおろす）………1片（10g）
　しょうが汁………………………小さじ1/2
[つけ合わせ・インド風野菜サラダ]
　たまねぎ…………………………1/2個（100g）
　ミニトマト………………………10個（200g）
　A｛ワインビネガー（または酢）…小さじ1
　　　こしょう……………………少々
　クレソン…………………………1/2束

＊骨なしのもも肉2枚（400〜500g）でも作れます。
＊＊ケフィア（コーカサス地方のヨーグルト）でも。

作り方
① 肉に塩とこしょうを手でよくもみこみます。
② ボールにつけ汁の材料を合わせ、肉を入れてまぶしつけ、1時間以上おきます。時間があれば、ひと晩（約8時間）つけおいたほうが味をよく含みますⓐ。
③ オーブン皿にアルミホイルを敷き、あれば網をのせます。肉の汁をざっとこそげてからのせⓑ、220〜230℃のオーブンで約20分焼きます。途中で裏返します。
④ たまねぎは薄切りにし、塩小さじ1/4（材料外）をふってもみ、さっと洗って水気をしぼります。ミニトマトは半分に切ります。両方をAであえて、クレソンとともに肉に添えます。

ⓐ長くつけおくときはポリ袋（厚手）が便利。空気を抜けば汁がまんべんなくまわる

ⓑオーブンでもグリルでも焼ける。こげやすいので、グリルは火加減をしたり、アルミホイルをかぶせたりしながら焼く

オーブン焼き・揚げる

骨つきもも肉の照り焼き

はちみつでつやつやに焼きあがります。倍量作る場合も焼き時間は変わりません

カロリー	1人分：1本200gで503kcal　250gで580kcal
調理時間	60分
日もち	生肉をつけ汁につけて冷蔵で翌日。焼いて冷蔵で翌日
献立例	かにとレタスのサラダ・オクラ入りスープ

材料（2人分）

骨つきとりもも肉……2本(400〜500g)
　塩……………………………小さじ1/4

[つけ汁]
　はちみつ………………………大さじ1・1/2
　砂糖……………………………大さじ1/2
　酒………………………………大さじ1・1/2
　しょうゆ………………………大さじ1
　オイスターソース……………大さじ1/2
　こしょう………………………少々
　にんにくのすりおろし…小1片分(5g)
　しょうが汁……………………小さじ1/2

[つけ合わせ]
　りんご(あれば紅玉)………1/2個
　さつまいも………………1/2本(100g)
　グラニュー糖…………………小さじ1/2
　プルーンのワイン漬け＊………4個

＊プルーン4個を赤ワイン大さじ2、はちみつ大さじ1/2につけ2日ほどおいたもの。

作り方

① 肉全体を竹串で刺し、裏側から骨にそって切りこみを入れます。塩をもみこんで5分おきます。

② つけ汁の材料を合わせ、肉をつけて、時々上下を返しながら30分ほどおきます。

③ さつまいもは1cm厚さの輪切りにし、水にさらして水気をきります。りんごは芯をとって1cm厚さに切ります。両方をアルミホイルにのせ、グラニュー糖をふって包みます。

④ オーブン皿にアルミホイルを敷き、肉と③をのせて、230℃のオーブンで20分焼きます。途中で一度裏返します（時間前にこげそうならアルミホイルをかぶせます）。最後に、ホイルに出た汁を肉の表面に塗って3〜5分焼き、つやよく仕上げます。

point
つけ汁をよくもみこんでからつける。ポリ袋（厚手）利用なら、空気を抜けば汁がまんべんなくまわる

ささみのチーズ巻きフライ

ささみの形を生かした、ひと口サイズ

カロリー	1人分：547kcal		
調理時間	20分	日もち	冷蔵で翌日
献立例	焼ききのこの梅あえ・だいこんのみそ汁		

材料（2人分）

- とりささみ……4本（200g）
  - 塩…小さじ1/6／こしょう…少々
- しその葉……4枚
- スライスチーズ……4枚
- 揚げ油……適量

[フライ衣]
- 小麦粉……大さじ1
- とき卵…1/2個分＋水…大さじ1/2
- パン粉……カップ3/4（30g）

[つけ合わせ]
- サラダ菜……4枚
- レモン……1/4個

作り方

1. ささみは筋を除き、観音開きにして広げます。塩、こしょうをふります。
2. ささみにしその葉とチーズをのせ、はみ出さないように巻きます。小麦粉を薄くまぶし、卵水、パン粉の順に衣をつけます。
3. 揚げ油を中温（約170℃）に熱し、②を色よく揚げます。
4. 半分に切って皿に盛り、サラダ菜、半月形に切ったレモンを添えます。

point 中央に厚みの半分まで切りこみを入れ、そこから左右に身を開く

point しそとチーズが端まで入るようにし、縦長に巻く

⬇ とりのから揚げ　香味だれ

たれで油っぽさがとれて、食べやすくなります

カロリー	1人分：もも329kcal　むね320kcal		
調理時間	30分	日もち	冷蔵で翌日、冷凍で1～2週間
献立例	ひじきととうふ、みず菜のサラダ・卵スープ		

→ 油淋鶏（ユーリンチー）

ももを1枚肉のままから揚げにしても。切り分けて盛りつけ、香味ソースをかけます。

から揚げの リサイクル

手軽なのは、たれをからめて温める方法。めんつゆや甘酢などをからめれば、ごはんに合うのでお弁当や丼にもってこいです。写真のから揚げ丼は、豆板醤(トーバンジャン)だれをからめたものです。

●豆板醤だれの材料
（から揚げ5〜6個分）
豆板醤……小さじ1/2
砂糖……大さじ1/2
酒・しょうゆ・酢
　……各大さじ1

材料（2人分）

とりもも肉*（皮つき）	200g
A　酒	大さじ1/2
塩・こしょう	各少々
しょうゆ	小さじ1
かたくり粉	大さじ2
揚げ油	適量
トマト	1個

[香味ソース]

ねぎ	10cm
しょうが	小1かけ（5g）
砂糖	小さじ3/4
酢・しょうゆ	各小さじ2
ごま油	小さじ1/2

＊から揚げ用や、むね肉でも。

作り方

① とり肉は、6つくらいに切ります。Aをもみこんで10分以上おきます。

② 香味ソースのねぎ、しょうがはあらみじん切りにし、ソースの材料を合わせます。

③ 肉の汁気をふき、かたくり粉をまぶします。揚げ油を中温（160〜170℃）に熱して ⓐ、肉を入れ、3〜4分かけて揚げます。揚がりぎわは10秒ほど強火にして ⓑ、カラリと揚げます。

④ トマトをくし形に切って盛り、から揚げを盛りつけて、ソースをかけます。

ⓐ 油の温度を見るには、さい箸を水にひたして水をふき、油に入れる。つけた部分全体から泡がフツフツと出るくらいが中温。箸先だけは低温。全体から勢いよく出れば高温

ⓑ 揚げ始め（左）と終わり（右）では泡の出方が違う。揚がりぎわは、箸でさわるとカリッとしている

揚げる

竜田揚げ

色づくもみじの名所、奈良の竜田川にちなんだ定番料理

カロリー	1人分：もも366kcal　むね357kcal		
調理時間	30分	日もち	冷蔵で翌日、冷凍で1〜2週間
献立例	れんこんとブロッコリーのサラダ・とうふとねぎのみそ汁		

とり肉

材料（2人分）

とりもも肉＊（皮つき）　200g
A ┌ 酒　　　　　大さじ1/2
　├ みりん　　　大さじ1/2
　├ しょうゆ　　小さじ2・1/2
　└ しょうが汁　小さじ1/2
　かたくり粉　　大さじ2
　さつまいも　　50g
　れんこん　　　50g
　塩　　　　　　少々
揚げ油　　　　　適量

＊から揚げ用や、むね肉でも。

作り方

① ボールにAを合わせます。とり肉は、6つくらいに切り、Aをもみこんで15〜20分おきます。

② さつまいもとれんこんは薄い輪切りか半月切りにし、水によくさらし、水気をよくきります。

③ 揚げ油を低温（150℃）に熱し、②を数回に分けて、2〜3分かけてゆっくり揚げます。揚がりぎわは強火にしてカラリとさせ、とり出します。塩をふります。

④ 続いてとり肉を揚げます。肉は汁気をきってかたくり粉をまぶし、170℃の油に入れます。3〜4分かけて揚げ、最後は強火にして10秒ほど加熱してカラリとさせ、とり出します。

point 揚げる直前に粉をつけると、粉の部分が白っぽく揚がる

point 濃い味をつけたい料理は、下味のつけおき時間を長く

とり肉の塩から揚げ

むね肉はやわらかく食べやすい。揚げるとコクが出ます

カロリー	1人分：むね195kcal　もも203kcal	
調理時間	20分	
日もち		冷蔵で翌日、冷凍で1〜2週間
献立例	もやしとにんじんのナムル・こまつなのスープ	

材料（2人分）

- とりむね肉（皮なし）……1枚（200g）
- A ┌ 塩……………………小さじ1/2弱
-   └ 酒……………………小さじ1
- かたくり粉………………大さじ1
- 揚げ油……………………適量
- ねぎ………………………20cm
- サンチュ（またはレタス）……適量
- ラー油……………………適量

作り方

1. とり肉は厚い部分を切り開きます。Aをもみこんで5分ほどおきます。
2. ねぎは芯を除いて5cm長さのせん切りにし、水にさらして水気をきります。
3. 肉にかたくり粉をつけます。揚げ油を中温（170℃）に熱し、肉を入れ、時々返しながら、5分ほどかけて揚げます。最後は強火にして10秒ほど加熱し、カラリとさせます。
4. から揚げは食べやすい大きさに切って盛りつけます。ねぎと一緒にサンチュで包んで食べます。好みでラー油をつけます。

point
中央に切り目を厚みの中ほどまで入れ、そこから身を左右に開く（観音開き）

揚げどりのゆず風味

水どきかたくり粉の衣でしっかり肉をカバー。柑橘類がさわやか

カロリー	1人分：もも389kcal　むね378kcal
調理時間	30分
日もち	冷蔵で翌日、冷凍で1〜2週間
献立例	かぼちゃの甘煮・ほうれんそうのおひたし・なめこのみそ汁

材料（2人分）

とりもも肉＊（皮つき）……1枚（250g）
A ┌ 塩……………………小さじ1/4
　└ 酒……………………小さじ1
衣 ┌ かたくり粉…………大さじ2
　├ 水……………………大さじ1
　└ しょうゆ……………小さじ1/2
揚げ油………………………適量

[ゆずだれ]
ゆず＊＊……………………1/2個（50g）
B ┌ 砂糖…………………大さじ1/2
　├ しょうゆ……………大さじ1・1/2
　├ 酢……………………大さじ1
　└ ごま油………………小さじ1/2

[つけ合わせ]
はくさい（白くやわらかい部分）
　………………………………150g

＊むね肉でも。
＊＊ゆずの代わりにレモンでも。

作り方

1. 肉の厚みのある部分に包丁を入れて切り開きます。1cm幅に切り目を浅く入れます。Aをもみこんで下味をつけます。
2. はくさいは軸の部分は細切りにし、葉はざく切りにします。水に放してパリッとさせ、水気をきります。
3. ゆずだれのゆずは、輪切りやいちょう切りにします。Bを合わせてゆずを加えます。
4. 衣の材料を合わせます。揚げ油を、中温（170℃）に熱します。肉の汁気をふいて、衣をつけ、油に入れます。上下を返しながら、5分ほど揚げます。最後は強火にして10秒ほど加熱し、カラリとさせます。
5. から揚げをひと口大に切り、はくさいと盛り合わせます。たれをかけます。

手羽先揚げの香味じょうゆ

居酒屋さんで人気の料理。
こっくり味があとをひきます

カロリー	1人分：349kcal		
調理時間	20分	日もち	冷蔵で翌日、冷凍で1～2週間
献立例	なすの煮もの・冷や奴・枝豆・みつばのすまし汁		

材料（2人分）

- とり手羽先……8本（400g）
- 酒……大さじ2
- ピーマン……2個
- 揚げ油……適量
- いりごま（白）……大さじ1/2
- こしょう……少々

［たれ］
- しょうゆ・酒……各大さじ1
- みりん……大さじ1・1/2
- 砂糖……小さじ1/2
- 酢……小さじ1/4
- にんにくのすりおろし……小さじ1/4
- しょうがのすりおろし……小さじ1/4
- 赤とうがらし（小口切り）……小1/2本

作り方

① 手羽先は太い部分の中央に切りこみを入れます。酒をかけ、よくもみこみます。
② 小鍋にたれの材料を合わせて弱火にかけ、1～2分煮ます。大きめのボールやバットに移します。
③ ピーマンは種をとり、食べやすい大きさに切ります。
④ 揚げ油を低温（150～160℃）に熱し、ピーマンをさっと揚げます。
⑤ 中温（170℃）にし、手羽先を汁気をふいて入れ、5分ほどかけて色よく揚げます。
⑥ 熱いうちにたれに入れてからめ、盛りつけて、ごまとこしょうをふります。ピーマンを添えます。

応用

手羽先のから揚げ

手羽先8本に塩小さじ1/2をふり、小麦粉を薄くまぶして揚げます。揚げたてに黒こしょうや粉さんしょうをたっぷりめにふってスパイシーに。

チキンスペアリブの南蛮漬け

一般にスペアリブとも呼ばれる手羽中は、おつまみにもってこいのサイズ

カロリー	1人分：205kcal		
調理時間	20分（つけおき時間は除く）	日もち	冷蔵で3日
献立例	いためなます・焼き厚揚げのおろし添え・梅おにぎり		

材料（2人分）

- とり手羽中（ハーフカット）……250g（約10本）
- A ┌ 塩…小さじ1/3／酒……大さじ1
- サラダ油………………大さじ1/2
- B ┌ 砂糖……………大さじ1/2
  │ しょうゆ・酢・水……各大さじ2
  └ 一味とうがらし………少々
- 紫たまねぎ……………1/4個（40g）
- サラダ菜…………………8枚

作り方

① 肉にAをもみこみます。Bは合わせます。
② フライパンに油を熱し、肉の汁気をきって入れ、中火で焼きます。両面に焼き色がついたら、弱火にし、ふたをして2～3分蒸し焼きにします。
③ 焼けた肉をBに約30分つけます。
④ 紫たまねぎは薄切りにし、水にさらして水気をきります。
⑤ サラダ菜を敷いてたまねぎをのせ、肉を盛りつけます。

point
手羽中の真ん中の2本の骨の間をカットしたものが通称スペアリブ

とり肉のあぶり焼き

グリル焼きなので余分な脂が落ちてパリッと焼けます

カロリー	1人分：276kcal		
調理時間	20分	日もち	冷蔵で翌日、冷凍で1～2週間
献立例	野菜とがんもどきの煮もの・いんげんのおひたし		

材料（2人分）

- とりもも肉（皮つき）……1枚（250g）
- A ─ 塩*…小さじ1/4／酒…大さじ1
- ［つけ合わせ］
  - エシャロット……1束（60g）
  - しいたけ……3個
  - B ┌ 酒……大さじ1/2
  　　└ サラダ油……大さじ1/2
  - ゆずこしょう……少々

＊塩はあれば粗い塩のほうがよりおいしい。

作り方

① とり肉の皮側を竹串数本でところどころ刺して、肉側の厚い部分には浅く切り目を入れます。両面にAをもみこみ、10分ほどおきます。

② エシャロットはひげ根部分を落として、5cm長さに切り、しいたけは半分に切ります。ボールに入れ、Bをふって混ぜます。

③ グリルを温め、野菜を焼きます。焼き色がついたらとり出し、塩少々（材料外）をふります。

④ 続いて肉の両面を、3～4分ずつ焼きます。

⑤ ペーパータオルにとって脂をきり、食べやすく切ります。盛りつけて、③とゆずこしょうを添えます。

point 皮側を刺して、厚い身に切りこみを入れて味のしみこみと火通りをよく

point 皮もパリッと焼け、塩味だけでおいしい

とりのハーブ風味焼き

塩とハーブの香りだけでおいしい。パンにも合います

カロリー	1人分：256kcal		
調理時間	30分	日もち	冷蔵で翌日、冷凍で1〜2週間
献立例	レタスのチーズがけサラダ・エリンギのスープ		

材料（2人分）

- とりもも肉（皮つき） ……… 1枚（250g）
- A
  - 粗塩 ……… 小さじ1/2
  - ドライハーブ（オレガノ・バジル・タイムなど） ……… 小さじ1/4
  - こしょう ……… 少々
- たまねぎ（皮つき） ……… 1/4個（50g）
- ミディトマト＊＊ ……… 小2個（80g）
- 黄パプリカ ……… 1/4個（50g）

[バルサミコソース]
- バルサミコ酢 ……… 大さじ1
- しょうゆ ……… 大さじ1/2

＊ Aは、市販のハーブソルトにこしょうを加えても。ドライハーブはミックスすると深い香りになります。生のハーブがあれば料理に添えても。

＊＊ ゴルフボール大のトマト。フルーツトマトでも。

作り方

1. Aは合わせます。とり肉の皮側を竹串でところどころ刺して、肉側の厚い部分には浅く切り目を数本入れます。両面にAをもみこみ、10分ほどおきます。
2. たまねぎは皮つきのままアルミホイルで包みます。トマトは横半分に切ります。
3. グリルを温めます。グリルの網にとり肉をのせ、アルミホイルを敷いてトマト、パプリカ、たまねぎ包みをのせます。全体にこんがりと焼き色がつくまで中火で8〜10分焼き、野菜をとり出します。とり肉は裏返してさらに7〜8分焼きます。
4. ソースの材料を器に合わせ、ラップを少しあけてかけ電子レンジで約2分加熱して煮つめます。
5. たまねぎ、パプリカ、肉を食べやすい大きさに切り、トマトと皿に盛ります。野菜に④をかけます。

point 野菜も一緒に焼ける。網から落ちないようにホイルにのせる

とりのはちみつレモン焼き

甘くさわやかでシンプルな味つけが美味です

カロリー	1人分：もも294kcal　むね284kcal
調理時間	15分（つけおき時間は除く）
日もち	下味につけて冷凍で10日。焼いて冷蔵で翌日
献立例	ブロッコリーとミニトマトのパン入りサラダ・コーンクリームスープ

材料 （2人分）

- とりもも肉*（皮つき）……1枚（250g）
- 塩……小さじ2/3
- はちみつ……大さじ1/2
- レモン……1/2個

[つけ合わせ]
- じゃがいも……1個
  - 塩・こしょう……各少々
  - パセリのみじん切り……少々
- セロリ……1/2本
- レモンの半月切り……2枚

＊むね肉でも。

作り方

① とり肉の皮側を竹串でところどころ刺して、肉側の厚い部分に浅く切り目を数本入れます。両面に塩をもみこみ、10分ほどおきます。
② レモン1/2個は薄い輪切り4枚をとります。残りは汁をしぼります。
③ 肉を汁気をふいてラップにのせ、はちみつとレモン汁をまぶし、レモンの輪切りをのせてラップを閉じ、30分ほどおきます。
④ グリルを温めます。レモンを除き、肉の両面を中火で5分ずつ焼きます（こげやすいのでようすを見ながら、アルミホイルをかぶせる）。食べやすい大きさに切ります。
⑤ じゃがいもはひと口大に切り、ゆでて水気をとばし、粉ふきいもにします。塩、こしょう、パセリをふります。セロリは皮むき器で薄くけずります。以上とレモンを肉に添えます。

point つけおき状態で冷凍保存できる（約10日）。ラップに包み、保冷袋に入れる

とり肉のガーリック焼き

皮の脂も利用してフライパンでパリッと焼きます

カロリー	1人分：もも311kcal　むね300kcal
調理時間	20分
日もち	冷蔵で翌日、冷凍で1～2週間
献立例	にんじんとグレープフルーツのサラダ・ミネストローネスープ

材料（2人分）

- とりもも肉*（皮つき）……1枚（250g）
- A ┌ 塩……小さじ1/3／こしょう……少々
- にんにく……2片（20g）
- オリーブ油……大さじ1

[つけ合わせ]
- ベビーリーフ……1/2パック
- B ┌ 塩・砂糖……各少々
  │ こしょう……少々
  │ レモン汁……小さじ1
  └ オリーブ油……小さじ1
- レモン（輪切り）……2枚

＊むね肉でも。

作り方

① とり肉の皮側を竹串でところどころ刺して、肉側に浅く切り目を数本入れます。Aをもみこみます。
② にんにくは薄切りにします。Bは合わせます。
③ フライパンにオリーブ油とにんにくを入れて弱めの中火でいためます。色づいたらにんにくはとり出し、肉を皮側から入れて焼きます。
④ 皮にしっかりと焼き色がついたら裏返し、少し火を弱め、油をスプーンで皮にかけながら5～6分かけてじっくり焼きます。
⑤ ペーパータオルにとって脂をきり、食べやすく切って盛りつけ、にんにくを散らします。ベビーリーフをBであえ、レモンと一緒に添えます。

point フライ返しで押しつけて、皮をまんべんなく焼く。皮からも脂が出、これを皮にかけて揚げたようなカリッと感を出す

チキンのピザ風蒸し焼き

フッ素樹脂加工のフライパンなら、油なしで作れます

カロリー	1人分：361kcal	日もち	当日
調理時間	20分		
献立例	なすのマリネサラダ・大豆と野菜のスープ		

材料 (2人分)

- とりむね肉（皮つき）……1枚(250g)
- A ┌ 塩……小さじ1/3／こしょう……少々
- たまねぎ……1/4個(50g)
- しめじ……1/2パック(50g)
- トマト……1/2個
- さやえんどう……4枚
- スライスチーズ……2枚
- バター(小さく切る)……10g
- 白ワイン……大さじ2
- パセリのみじん切り……少々

作り方

① とり肉は半分に切り、2～3つにそぎ切りにします。Aで下味をつけます。

② たまねぎは薄切り、しめじはほぐします。トマトは4枚の輪切りにします。さやえんどうは筋をとって斜め半分に切ります。

③ フライパンに、たまねぎを2か所に分けて置きます。その上に肉、バター、トマト、しめじ、さやえんどうをのせます。

④ ワインを入れ、ふたをして弱めの中火で7～8分蒸し焼きにします。

⑤ 火を止め、チーズをのせてふたをし、チーズが溶けるまで1～2分おきます。

⑥ 器に盛り、パセリを散らします。

point 肉と野菜から出る水分と、ワイン少々で蒸す

ささみとアスパラのいためもの

焼く（いためる）

ささみ2本で作れる主菜。
下味の粉や油でささみをやわらかく

カロリー	1人分：ささみ213kcal もも263kcal むね258kcal
調理時間	20分
日もち	冷蔵で翌日
献立例	いかと春雨の中華サラダ・トマトのスープ

とり肉

材料（2人分）

- とりささみ* ……………… 2本(100g)
- A
  - 酒 ……………………… 小さじ1
  - 塩・こしょう …………… 各少々
  - かたくり粉 ……………… 小さじ1
  - サラダ油 ………………… 小さじ1
- グリーンアスパラガス …… 150g
- B 水 …… 大さじ2／塩 …… 少々
- ねぎ ………………………… 1/2本
- しょうが …………………… 1かけ(10g)
- サラダ油 …………………… 大さじ1・1/2
- C
  - 砂糖 ……………………… 小さじ1/4
  - 塩 ………………………… 小さじ1/6
  - かたくり粉 ……………… 小さじ1
  - 水 ………………………… 大さじ1・1/2
  - ごま油 …………………… 小さじ1

*ももやむね肉でも。

作り方

① ささみは筋を除き、ひと口大のそぎ切りにします。Aを順にもみこみます。
② アスパラガスは根元のかたい皮をむき、5〜6cm長さに切ります。
③ ねぎは2cm長さに切り、しょうがは薄切りにします。Cは合わせておきます。
④ フライパンに油大さじ1/2を熱し、アスパラガスを中火で1分ほどいため、Bを加えて火を通し、とり出します。油大さじ1をたし、ささみの両面を焼いてとり出します。
⑤ 続いて、ねぎとしょうがを入れて香りよくいため、④をもどし入れます。Cを混ぜてから加え、つやよくなったら火を止めます。

point 筋の両側に切り目を入れてから、筋の端を持ち、刃先で身からしごきとる

とりのカシューナッツいため

卵とかたくり粉でコーティングする下ごしらえで、肉がやわらかい

カロリー	1人分：むね440kcal ささみ372kcal
調理時間	20分
日もち	冷蔵で翌日
献立例	きゅうりとセロリのサラダ・卵ときくらげのスープ

材料（2人分）

- とりむね肉（皮つき）………150g
- A
  - 塩………小さじ1/8
  - 酒………小さじ1/2
  - とき卵＊………大さじ1
  - かたくり粉………大さじ1/2
- カシューナッツ＊＊………50g
- ゆでたけのこ………70g
- ピーマン（赤を混ぜても）…3個
- 赤とうがらし………小1本
- B
  - 砂糖………小さじ1/2
  - 酒・しょうゆ………各大さじ1
  - 水………カップ1/4
  - かたくり粉………大さじ1/2
  - スープの素………小さじ1/8
- サラダ油………大さじ1・1/2

＊残った卵はみそ汁やスープに加えて、かきたまにしても。

＊＊カシューナッツはおつまみ用の塩がついているものでかまいません。

作り方

① 肉を皮つきのまま1.5cm角に切ります。Aをよくもみこみ、最後にかたくり粉を混ぜます。

② たけのこ、ピーマンは1〜1.5cm角に切ります。赤とうがらしは半分に切って種をとります。Bは合わせます。

③ 大きめのフライパンに油大さじ1を熱し、肉、赤とうがらしを入れていためます。肉の色が変わったらとり出します。

④ 続いて、たけのこ、ピーマン、カシューナッツを加えていため、全体に油がまわったら、肉をもどします。Bを混ぜてから加え、全体にからめます。とろみがついたら、最後に油大さじ1/2を回し入れてつやよく仕上げます。

point 手でよくもみこむと、肉にAが入っていく。そのあとかたくり粉でコーティング

焼く

蒸しどりの南蛮漬け

フライパンで蒸し焼きにし、熱いうちにつけ汁に漬けこみます

カロリー	1人分：もも284kcal　むね273kcal
調理時間	15分（つけおき時間は除く）
日もち	冷蔵で3日
献立例	かぼちゃとねぎのオイスターいため・わかめのみそ汁

とり肉

材料（2人分）

とりもも肉*（皮つき）……1枚（250g）
A ┌ 塩……………………小さじ1/6
　└ こしょう…………………少々
　　酒……………………大さじ2

[野菜]
たまねぎ……………1/4個（50g）
にんじん………………………20g
セロリ…………………………20g

[つけ汁]
赤とうがらし（小口切り）……1/2本
しょうゆ………………大さじ1・1/2
酢……………………大さじ1・1/2
酒………………………………大さじ1
砂糖……………………………小さじ1

＊むね肉でも。

作り方

① とり肉の皮側を竹串でところどころ刺して、Aをもみこみます。
② たまねぎは薄切りに、にんじん、セロリは5〜6cm長さの細切りにします。
③ ボールにつけ汁の材料を合わせます。
④ フライパンにとり肉を入れ、酒をかけてふたをし、弱めの中火で7〜8分蒸し焼きにします。途中上下を返します（または電子レンジで上下を返しながら5〜6分加熱）。
⑤ 肉が熱いうちにつけ汁につけます。②の野菜もつけ汁に加えて30分ほどおきます。
⑥ 肉を1cm幅に切って器に盛ります。野菜をのせます。あればセロリの葉を飾ります。

point
つけおいた状態で冷蔵し、作っておける

とり肉の中国風鍋照り

オイスター味のコクあるおそうざい。
盛りつけ次第で本格派に

カロリー	1人分：もも303kcal　むね292kcal
調理時間	25分
日もち	冷蔵で翌日。肉は冷凍で1〜2週間
献立例	カリフラワーとゆで卵のサラダ・ザーサイスープ

材料（2人分）

- とりもも肉＊（皮つき）……1枚（250g）
- A
  - 酒………………小さじ1
  - しょうゆ………小さじ1/2
- かたくり粉…………大さじ1
- サラダ油……………大さじ1/2
- チンゲンサイ………1株（100g）

[オイスターだれ]
- オイスターソース…大さじ1
- 酒……………………大さじ1
- 中華スープの素……小さじ1/2
- 水……………………カップ1/4
- こしょう……………少々

＊むね肉でも。

作り方

① とり肉の皮側を竹串でところどころ刺して、肉側の厚い部分に浅く切り目を数本入れます。Aをもみこみ、5〜10分おきます。

② チンゲンサイは葉と茎に分け、茎は縦6〜7mm幅に切ります。熱湯で軽くゆでます。

③ オイスターだれの材料を合わせます。

④ 肉にかたくり粉をまぶします。フライパンに油を熱し、肉を皮側から強火で焼きます。焼き色がついたら裏返して中火にし、ふたをして5〜6分焼きます。

⑤ 肉のまわりの油をふきとり、たれを加えます。フライパンをゆすって強火で煮つめます。

⑥ チンゲンサイの葉と茎を皿に敷き、肉を食べやすく切って盛りつけます。フライパンに残ったたれをかけます。

焼く・煮る

とりの甘みそ照り焼き

とり肉に砂糖をからめて香ばしくいためる、こっくりみそ味

とり肉

カロリー	1人分：もも371kcal　むね362kcal
調理時間	20分
日もち	冷蔵で翌日。野菜は除いて冷凍で1〜2週間
献立例	だいこんのレモン漬け・しいたけのみそ汁

材料 (2人分)

- とりもも肉*(皮つき) ……200g
- ねぎ ……1本
- なす ……2個
- えのきだけ ……1袋(100g)
- サラダ油 ……大さじ1・1/2
- 砂糖 ……大さじ1・1/2
- A ┌ 赤みそ・しょうゆ・酒…各大さじ1
  └ 水 ……大さじ2

*むね肉でも。

作り方

1. とり肉は3〜4cm角のそぎ切りにします。
2. ねぎは3〜4cm長さに切ります。なすは4つに切ります。えのきだけはほぐします。
3. Aは合わせます。
4. フライパンに油を熱し、肉とねぎ、なすを強火で焼きます。色づいたら、砂糖を加えて全体にからめてから、Aを加えます。中火にし、混ぜながら2分ほど煮ます。最後にえのきだけを加えて1〜2分煮ます。

とりの照り煮 ゆず風味

ゆずがない季節ならゆず抜きで。
酒をぜいたくに使って極上の味に

カロリー	1人分：302kcal		
調理時間	20分	日もち	冷蔵で翌日、冷凍で1〜2週間
献立例	かぶの煮もの・とうふのみそ汁		

材料（2人分）
とりもも肉（皮つき）………1枚（250g）
ゆず………………………………1/4個（30g）
ほうれんそう…1/2束（100g）
[和風だれ]
　酒…カップ1/2／砂糖…大さじ1/2
　しょうゆ…大さじ1強／みりん…大さじ1

作り方
① ゆずは皮を薄くむいてみじん切りにし、残った実は薄切りにします。
② 肉は、下段の作り方①と同様に下ごしらえをします。熱湯で30秒ほどゆでます。
③ 鍋に和風だれの材料を合わせ、肉、薄切りのゆずを入れます。落としぶたをし、ふたをずらしてのせ、中火で約15分煮ます。途中、肉の上下を返します。煮汁が煮つまって、照りよくなったら火を止めます。
④ ほうれんそうはゆでて水にとり、水気をしぼって3cm長さに切ります。
⑤ 肉のあら熱がとれたら、切り分けて皿に盛り、④を添え、ゆずの皮を散らします。

とりの照り煮小丼

ごはんとよく合うしょうゆだれの味。
お弁当にも人気です

カロリー	1人分：545kcal		
調理時間	20分	日もち	冷蔵で翌日、冷凍で1〜2週間
献立例	もずく酢・だいこんのみそ汁		

材料（2人分）
とりもも肉（皮つき）………1枚（250g）
温かいごはん……………………2膳分（300g）
[煮汁]
　水…150ml／砂糖…小さじ2／酒…大さじ1・1/2
　しょうゆ…大さじ1・1/2／みりん…大さじ1/2
[野菜]
　レタス…2〜3枚／たまねぎ…1/4個（50g）
　塩…少々／スプラウト…1/2パック

作り方
① とり肉の皮側を竹串でところどころ刺して、肉側の厚い部分に切り目を数本入れます。
② 鍋に煮汁の材料を煮立て、肉を入れます。アクをとり、途中上下を返しながら、中火で約10分煮ます。
③ たまねぎは薄切りにして塩もみし、洗って水気をきります。レタスは細切りにします。
④ 鍋から肉をとり出して切り分け、煮汁は少し濃度がつく程度に煮つめます。ごはんに③と肉をのせます。煮汁を少しかけ、スプラウトを散らします。

とり肉とさといものあっさり煮もの

さといものぬめりをとって、さっぱりめの煮ものにしました

カロリー	1人分：256kcal
調理時間	20分
日もち	冷蔵で翌日
献立例	こんにゃくのみそ田楽・ほうれんそうのおひたし

材料 （2人分）

- とりもも肉（皮つき）……150g
- A
  - 砂糖……小さじ1/2
  - しょうが汁……小さじ1/2
  - しょうゆ・酒・ごま油……各小さじ1
  - かたくり粉……小さじ1
- さといも……3〜4個（250g）
- しめじ……1/2パック（50g）
- 万能ねぎ……2本
- ［煮汁］
  - だし……カップ3/4
  - みりん……大さじ1/2
  - 塩……小さじ1/8
  - しょうゆ……小さじ1

作り方

① さといもは1cm厚さの輪切りにし、大きいものは半分に切ります。塩少々（材料外）をふってもみ、かためにゆでて、ざるにとります。

② しめじは小房に分けます。万能ねぎは4〜5cm長さに切ります。

③ とり肉はひと口大のそぎ切りにし、Aをもみこみます。

④ 鍋に、さといもと煮汁の材料を入れ、中火にかけます。沸とうしたらとり肉を加え、アクをとります。落としぶたをして鍋のふたをずらしてのせ、3〜4分煮ます。さといもがやわらかくなったら、しめじを加えて1〜2分煮ます。

⑤ 盛りつけて、ねぎを散らします。

＊ さといもの下ゆでをはぶけば、さといものぬめり気が残るこっくり味に。だしをカップ1にして15分ほど煮ます。ふきこぼれに注意します。

とりとさつまいもの煮もの

ボリューム満点。コラーゲンとビタミンCもたっぷりです

カロリー	1人分：327kcal
調理時間	30分
日もち	冷蔵で3日
献立例	菜の花のからしあえ・生揚げとわかめのみそ汁

材料（2人分）

- とり手羽中＊ ……… 6本（300g）
- さつまいも ……… 小1本（200g）
- ねぎ ……… 1/2本

[煮汁]
- 水 ……… カップ1
- 砂糖 ……… 大さじ1/2
- 酒 ……… 大さじ2
- しょうゆ・酢 ……… 各大さじ1・1/2
- みりん ……… 大さじ1

＊手羽先でも作れます。

作り方

1. 手羽中は熱湯でさっとゆでます。
2. さつまいもは皮つきのまま1.5cm厚さの半月切りにし、水にさらしてアクを抜き、水気をきります。ねぎは4cm長さに切ります。
3. 鍋に手羽中と煮汁の材料を入れて火にかけます。沸とうしたら、ふたをずらしてのせ、弱めの中火で約10分煮ます。
4. さつまいも、ねぎを加え、弱火でさらに10分ほど煮ます。途中上下を返します。

煮る（鍋もの）

とり手羽の酢煮

酢でやわらかく煮えます。煮卵が入るとひときわおいしそう

カロリー	1人分：327kcal		
調理時間	30分	日もち	冷蔵で翌日、肉は冷凍で1〜2週間
献立例	じゃがいもとセロリの黒ごまあえ・にらともやしのスープ		

材料（2人分）

- とり手羽中……8本（400g）
- 卵……1個
- スナップえんどう……30g
- にんにく……小1片（5g）
- しょうが……小1かけ（5g）
- ［煮汁］
  - 酢*……70ml
  - しょうゆ……50ml
  - 水……50ml
  - 砂糖……大さじ2・1/2

＊酢は黒酢にしても。

作り方

① ゆで卵を作り、殻をむきます。
② にんにくはつぶし、しょうがは薄切りにします。
③ 鍋*に、煮汁の材料と②を入れ、強火にかけます。沸とうしたら、とり肉とゆで卵を入れ、ふたを少しずらしてのせます。中火で20分ほど、汁が少なくなるまで煮ます。途中上下を返します。
④ スナップえんどうは、塩少々（材料外）を加えた湯で、色よくゆでます。③を卵を切って盛りつけ、スナップえんどうを散らします。

＊鍋はステンレス、ホーロー、フッ素樹脂加工などの酸に強い材質のものを使います。

とり肉

とりの水炊き

米粒袋と煮て、とろんと濃厚な味わいに。体が温まります。

カロリー	1人分：341kcal
調理時間	80分
日もち	当日
献立例	高菜漬けのごま油いため・煮豆・雑炊

材料（4人分）

[具]
- とりもも肉（骨つきぶつ切り）……600g
- A ┌ 塩…小さじ1／酒…大さじ2
- もめんどうふ………1丁(300g)
- はくさい……………4枚(400g)
- しゅんぎく…………1束(200g)
- ねぎ…………………1本
- しめじ………………1パック(100g)
- えのきだけ…………1袋(100g)

[汁]
- 水……………………1.2ℓ
- ┌ 米…大さじ1／糸…少々
- └ ガーゼ＊…(10cm角)1枚

[薬味ほか]
- だいこん……………100g
- 一味とうがらし……少々
- 万能ねぎ……………4本
- ぽん酢しょうゆ……適量

＊代わりに、茶葉用のパックを利用しても。

作り方

① 米は洗い、ガーゼなどでふんわり包み、口を糸で結びます。
② 鍋に分量の水を入れ、①をつけます。肉にAをもみこみます。ともに約20分おきます。
③ その後、肉に熱湯をかけて、②の鍋に入れ、ふたをして弱火で約50分煮ます。
④ 具と薬味を用意します。とうふ、野菜、きのこは食べやすい大きさに切ります。だいこんはすりおろして水気をきり、とうがらしと混ぜます。万能ねぎは小口切りにします。
⑤ 鍋から米をとり出し、食卓で具を適宜入れ、火が通ったところから薬味とぽん酢しょうゆで食べます。

point 米のでんぷんで煮汁にとろみがつき、肉もやわらかく煮える

↓ きりたんぽ鍋

地鶏と野菜と囲炉裏端で作るきりたんぽ。
秋田の郷土料理です

カロリー	1人分：531kcal		
調理時間	20分	日もち	当日
献立例	酢がき・ゆずの果肉の砂糖あえ		

→ 山と畑の恵みが
たっぷりの材料。

きりたんぽの作り方

材料

（きりたんぽ4本＋だんご4個分）
同量の水でかために炊いた
ごはん……400g（約2.5膳分）
割り箸……8膳

作り方

① 割り箸を割らずに水につけておきます。
② ごはんをすり鉢で、粒が少し残る程度につぶし、6等分にします。箸2膳を芯にしてごはんをにぎり、きりたんぽを4本作ります。残りはだんご4つに丸めます。

③ オーブントースターやグリルで色よく焼きます。箸は熱いうちに抜きます。

材料（4人分）

とりもも肉	300g
きりたんぽ（市販品）	4本（240g）
（あれば）とりの腹卵＊	100g
ねぎ	3本
せり	1束（130g）
まいたけ	2パック（200g）
ごぼう	1本（200g）
しらたき	1袋（200g）

[汁]

とりがらスープ（液体・市販）＋だし＊＊	合わせて1.4ℓ
酒	カップ1/2
しょうゆ	大さじ3
みりん	大さじ3
塩	小さじ1

[薬味]

七味とうがらし	少々

＊腹卵はおなかにある生まれる前の卵のこと。卵の黄身のような食感です。デパートや、肉専門店で手に入ります。

＊＊スープは、手づくり（→p184）したり、スープの素をうすめに希釈しても。その場合、スープ1.5ℓが沸とうしたところに、けずりかつお10gを入れてひと煮立ちさせ、こします。

作り方

① 汁の材料を鍋に合わせます。
② きりたんぽは斜めに切ります。とり肉はひと口大に切ります。とりの腹卵はよく洗い、1個ずつに切ります。
③ ねぎは斜め切りにします。せりは根をたわしでよく洗い、根も含めて4cm長さに切ります。まいたけは食べやすく分けます。ごぼうはささがきにして、水にさらして水気をきります。しらたきは熱湯でさっとゆでます。
④ ①を煮立てて、ごぼう、とり肉、腹卵、しらたきを入れ、アクをとって煮ます。火が通ってきたら、野菜ときのこ、きりたんぽを加えてさっと煮ます。七味とうがらしをふって食べます。

ささみの梅肉だれ

食欲がないときにも
うれしいさっぱり味

カロリー	1人分：103kcal		
調理時間	15分	日もち	当日
献立例	揚げだしどうふ・なすのみそ汁		

材料（2人分）
- とりささみ……2本（100g）
- A［塩…少々／酒…小さじ1］
- かたくり粉……大さじ1
- だいこん…4cm（100g）／しその葉…3枚
- みょうが…1個
- ［梅肉だれ］
  - 梅干し…1個（20g）／だし…大さじ2
  - みりん…大さじ1／酒…大さじ1/2
  - しょうゆ……大さじ1/2

作り方
① ささみは筋をとり、ひと口大の薄いそぎ切りにして、Aをふります。かたくり粉をまぶし、熱湯に入れて3〜4分ゆでます。冷水にとり、水気をきります。
② だいこんは皮をむいて7〜8mm幅のたんざく切りにし、しそとみょうがはせん切りにします。合わせて水にさらして水気をきります。
③ 梅干しは種をとり、果肉を包丁でたたいて細かくします。たれの材料を合わせて混ぜます。
④ ②とささみを盛りつけ、たれをかけます。

ささみとみず菜のみそマヨサラダ

低カロリーでたんぱく質がとれる小品

カロリー	1人分：95kcal		
調理時間	15分	日もち	当日
献立例	さけのホイル焼き・きのこ汁		

材料（2人分）
- とりささみ……1本（50g）
- A［塩…少々／白ワインまたは酒…大さじ1/2］
- みず菜…50g／にんじん…20g（3〜4cm長さ）
- ［みそマヨソース］
  - マヨネーズ…大さじ1・1/2／砂糖…小さじ1/4
  - みそ…小さじ1／こしょう…少々
  - とり肉の蒸し汁……大さじ1

作り方
① ささみは縦半分に切り、Aをふります。ラップをして電子レンジで約1分30秒加熱します。蒸し汁を大さじ1とります。ささみがさめたら、筋をとり、細かくさきます。
② みず菜は3〜4cm長さに切ります。にんじんはせん切りにして、塩少々（材料外）をふり、しんなりしたら水気をしぼります。みそマヨソースの材料は合わせます。
③ ささみとにんじんをソースであえ、みず菜を加えてあえます。

棒々鶏（バンバンジー）

ゆでたりレンジで蒸したとり肉は、サラダやあえものに活躍します

カロリー	1人分：305kcal
調理時間	15分
日もち	冷蔵で翌日、肉は冷凍で1〜2週間
献立例	焼きビーフン・トマトの酸味スープ

材料（2人分）

- とりむね肉 …………… 1枚（200g）
- ねぎ（緑の部分） ……… 約10cm
- しょうが ……………… 小1かけ（5g）
- A
  - 酒 …………………… 大さじ1
  - 塩 …………………… 小さじ1/2
- きゅうり ……………… 1本
- セロリ ………………… 40g
- トマト ………………… 小1個

[ごまだれ]
- 練りごま（白） ………… 大さじ1・1/2
- 砂糖 …………………… 大さじ2/3
- しょうゆ ……………… 大さじ1
- 酒 ……………………… 大さじ1/2
- 酢 ……………………… 大さじ1/2
- 塩 ……………………… 少々
- ラー油 ………………… 少々
- しょうがのみじん切り … 5g
- ねぎのみじん切り …… 5g

作り方

① ねぎは軽くつぶし、しょうがは薄切りにします。

② とり肉の皮側を竹串でところどころ刺して、肉側の厚い部分に切り目を数本入れます。

③ 皿に肉をのせてAをまぶし、①をのせます。ラップをふんわりとかけて電子レンジで3分加熱し、上下を返してさらに約3分加熱します。そのままおいてあら熱をとります。

④ ごまだれの材料を合わせます。

⑤ きゅうりは細切りに、セロリは斜め薄切りにします。トマトは半分に切って薄切りにします。

⑥ 肉を食べやすく切り、野菜と一緒に盛りつけます。ごまだれをかけます。

point ムラなく火が通るように、厚いところに切り目を入れる

ささみの酸辣湯（サンラータン）

すっぱくて辛くて。汗をかきながら元気になります

カロリー	1人分：ささみ126kcal　むね171kcal
調理時間	15分
日もち	当日
献立例	かじきとピーマンのいためもの・きゅうりのザーサイあえ

材料（2人分）

- とりささみ＊……2本（100g）
- ┌ ごま油……小さじ1
- └ かたくり粉……小さじ1
- しいたけ……2個
- 万能ねぎ……1本
- 卵……1個
- A ┌ 水……カップ2
- 　├ 中華スープの素……小さじ1
- 　└ 酒……大さじ1
- 塩……小さじ1/8
- こしょう……少々
- 酢……大さじ1・1/2
- ラー油……少々

＊むね肉でも作れます。

作り方

① しいたけは薄切りにします。万能ねぎは3cm長さに切ります。
② ささみは縦半分に切って筋をとり、繊維にそうように斜め細切りにします。ごま油とかたくり粉をもみこみます。
③ 卵は割りほぐします。
④ 鍋にAを入れて強火にかけます。沸とうしたら、ささみをほぐしながら加えます。しいたけも加え、再び煮立ったら、アクをとります。
⑤ 中火にし、1分ほど煮て、塩、こしょうで調味します。とき卵を細く流し入れ、最後に酢を加えて火を止めます。
⑥ スープをよそい、ねぎを散らしてラー油をかけます。

とり肉のフォー

チキンの味をスープにいかしたベトナム風めん料理

カロリー	1人分：骨つきもも532kcal　手羽元494kcal
調理時間	45分
日もち	冷蔵で肉は翌日、ゆで汁は2～3日
献立例	生春巻き・空心菜のにんにくいため

材料（2人分）

- ライスヌードル（フォー）＊……150g
- 切りもち…1個／もやし………100g
- にら…1/4束

[スープ600ml分]
- とり肉（骨つきぶつ切りまたは手羽元）……………200g

A
- 水……………800ml
- 酒…大さじ1／塩…小さじ1/4
- しょうが…………小1かけ(5g)
- ねぎ（緑の部分）…5cm

B
- ナンプラー………大さじ1
- 塩………………小さじ1/8

[たれ]
- ナンプラー………大さじ1/2
- レモン汁…………小さじ1
- 赤とうがらし（みじん切り）…1/4本

[薬味]
- フライドオニオン（市販）
- ・レモン・香菜……各適量

＊米粉できたベトナム風うどん。

作り方

① 鍋に湯をわかし、もやし、とり肉の順にさっとゆでてとり出します。

② Aのしょうがは軽くつぶします。鍋にとり肉とAを入れ、火にかけます。沸とうしたら、アクをとりながら弱火～中火で約30分ゆでます（ふたはなし）。しょうがとねぎをとり除いて、スープをカップ3（600ml）とります。これをBで調味します。

③ もちは4等分し、オーブントースターで2～3分、色づくまで焼きます。にらは5cm長さに切ります。たれの材料は合わせます。

④ フォーは表示の時間より少し短めにゆでて、水で洗います。

⑤ 器にフォーを入れ、もやし、にらをのせます。熱いスープをそそぎ、とり肉、焼きもち、香菜を飾ります。たれや、レモン汁、フライドオニオンなどをかけて食べます。

シンガポール風チキンライス

肉のゆで汁で
ごはんを炊いてワンセット

カロリー	1人分：592kcal
調理時間	80分
日もち	冷蔵で肉は翌日、ゆで汁は2〜3日
献立例	えびとアボカドのサラダ・れんこんスープ

材料（2人分）

とりもも肉（皮つき）………1枚（250g）
A
- 水……………………カップ3
- 固形スープの素……1個
- しょうが……………小1かけ（5g）
- にんにく……………小1片（5g）

米………米用カップ1（180ml・150g）
B 酒…大さじ1／塩…小さじ1/6

[つけ合わせ]
- きゅうり………………………1/2本
- トマト…………………………1/4個
- レモン…………………………1/4個
- 香菜（シャンツァイ＝パクチー）……2枝
- ピーナッツ……………………15g
- しょうがのすりおろし…小さじ1

[たれ]
- 砂糖……………………小さじ1/2
- 酢………………………小さじ2
- しょうゆ………………小さじ1・1/2
- レモン汁・ごま油……各小さじ1
- ラー油…………………少々

作り方

① Aのしょうがとにんにくは軽くつぶします。鍋にAをわかし、肉をかたまりのまま入れます。沸とうしたらアクをとり、弱めの中火で約10分ゆでます。火を止め、肉を汁につけたままさまします（とり出すとパサつく）。

② 米はといで水気をきり、とりのゆで汁200ml（さめたもの）とBを加え、炊飯器でふつうに炊きます（かために炊きあがる）。

③ きゅうりは斜め薄切り、トマトとレモンは半分に切ります。ピーナッツはあらくきざみます。

④ たれの材料は合わせます。

⑤ 肉を切り分け、皿にごはんと一緒に盛りつけます。③の野菜を添えてピーナッツを散らします。香菜、しょうが、たれを添えます。

point
とり肉のゆで汁が残ったら、スープにしてつけ合わせても。写真の具はねぎ、れんこん

チキンカレーピラフ

炊飯器で炊けるから気楽です。
ポイントはお米をさっと洗うひと手間

カロリー	1人分：550kcal		
調理時間	80分	日もち	当日
献立例	かぶとキウイのヨーグルトサラダ・たまねぎのコンソメスープ		

材料（4人分）

- 米………米用カップ2（360ml・300g）
- とりもも肉（から揚げ用でも）……400g
- サラダ油……………大さじ1・1/2
- A
  - カレー粉…………大さじ1/2
  - 塩…小さじ1/4／こしょう…少々
- B
  - たまねぎ…………1/2個（100g）
  - にんにく…………1片（10g）
  - 赤とうがらし………小1本
- C
  - しめじ……………1パック（100g）
  - さやいんげん……50g
  - カレー粉…………大さじ1
- D
  - トマトジュース（有塩）…180ml
  - 水………………180ml
  - 固形スープの素（きざむ）…1個
  - 塩…小さじ1/4／こしょう…少々
- パセリのみじん切り……大さじ1

作り方

① とり肉は4cm角に切り、Aをもみこんで10分ほどおきます。米はさっと洗い、水をきります（無洗米でもこの作業をしておく。芯ができにくくなるため）。

② Bのたまねぎ、にんにくはみじん切りにし、赤とうがらしは半分に切って種をとります。Cのしめじはほぐし、いんげんは4cm長さに切ります。

③ 大きめのフライパンに油大さじ1/2を熱して肉を焼きます。焼き色がついたらとり出します。油大さじ1をたしてBを中火で1分ほどいため、米を加えて1～2分いためます。

④ Cを加えて軽くいため、炊飯器にあけます。あいたフライパンでDを温め、スープの素が溶けたら、温かいまま、炊飯器に加えます。

⑤ 肉を入れて、ごはんを炊きます。赤とうがらしを除いて盛りつけ、パセリをふります。

point 米は、油がなじむまでいためる

point 炊飯器で炊けるから気楽

とり肉のスープカレー

さっぱり感覚のカレーにはとり肉がベストです。ごはんと食べます。

カロリー	1人分：590kcal
調理時間	60分
日もち	冷蔵で翌日
献立例	かぼちゃとクリームチーズのサラダ・きゅうりのピクルス

材料（2人分）

- とり手羽元…………4〜5本（200g）
- 温かいごはん…………2膳分（300g）

[野菜]
- キャベツ…………小1/4個（200g）
- じゃがいも…………小2個（200g）
- にんじん…………小1本（100g）
- トマト…………1/2個（100g）
- スナップえんどう…6個

[香味野菜]
- A
  - たまねぎ…………1/2個（100g）
  - しょうが…………小1かけ（5g）
  - にんにく…………小1片（5g）

[煮汁など]
- B
  - 湯…………カップ4
  - 固形スープの素…1個
  - ローリエ…………1枚
- C
  - カレー粉…………大さじ1
  - チリパウダー…小さじ1/4〜1/2
  - しょうゆ…………小さじ1
  - 塩…小さじ1/2／こしょう…少々

作り方

1. Aはみじん切りにします。トマトはざく切りにし、スナップえんどうは筋をとります。
2. 湯をわかし、スナップえんどうをゆでてとり出し、続いて、肉をさっとゆでます。
3. 厚手の鍋か深めのフライパンにサラダ油大さじ1（材料外）を熱し、Aを弱めの中火で約15分いためます。茶色になったら、B、肉、トマトを加えます。沸とうしたらアクをとり、ふたをずらしてのせ、弱めの中火で約20分煮ます。
4. その間に、キャベツを半分に切り、じゃがいも、にんじんは4つに切ります。以上を鍋に加えて、さらに約15分煮ます。
5. 野菜がやわらかくなったら、Cで味をととのえます。器に盛って、スナップえんどうをのせます。ごはんと食べます。

point 香味野菜は茶色く色づくまで、ゆっくりしっかりいためるとカレーにコクが出る

とりと新じゃがのスープ煮

やさしいとり肉の味が春野菜の味によく合います

カロリー	1人分：もも267kcal　むね260kcal
調理時間	30分
日もち	冷蔵で翌日
献立例	たこのバジルいため・にんじんのサラダ

材料（2人分）

- とりもも肉＊（皮つき）……150g
- A ┌ 塩・こしょう……各少々
- 新じゃがいも(小粒)……150g
- グリーンピース＊＊……50g
- B ┌ オリーブ油……大さじ1/2
- 　├ にんにく……小1片(5g)
- 　└ ローズマリー……小1枝
- C ┌ 水……カップ3/4(150ml)
- 　└ 固形スープの素……1/2個
- 塩・こしょう……各少々

＊むね肉でも。
＊＊シーズンにはフレッシュを。なければ冷凍や水煮でも可能。

作り方

1. 新じゃがは皮つきのまま2～4つに切ります。とり肉は3～4cm角に切り、Aをふります。にんにくはみじん切りにします。
2. 厚手の鍋にBを入れ、弱めの中火でさっといためます。とり肉を加えて中火でいため、色が変わったら、じゃがいもを加えて2～3分いためて、Cを加えます。
3. 沸とうしたらアクをとり、グリーンピースを加えます。ふたをずらしてのせ、中火で約15分煮ます（冷凍などのグリーンピースなら最後に加える）。
4. 最後に塩、こしょうで味をととのえます。

とり肉の赤ワイン煮こみ

骨つきだから、うま味が出て見栄えも豪華

カロリー	1人分：骨つきもも511kcal　手羽元445kcal
調理時間	40分　日もち　冷蔵で翌日。野菜は除いて冷凍で1〜2週間
献立例	クレソンとレタスのサラダ・ガーリックトースト

材料（2人分）

- 骨つきとりもも肉（ぶつ切り）＊…350g
- A 塩…小さじ1/4／こしょう…少々
- 小麦粉……………………大さじ1
- ベーコン（厚めのもの）……1枚(50g)
- たまねぎ……………………小1個(150g)
- にんじん……………………1/4本(50g)
- にんにく……………………1片(10g)
- サラダ油……………………大さじ1
- B
  - 赤ワイン……………………200ml
  - トマトケチャップ……大さじ2
  - 砂糖……………………小さじ1/2
  - 固形スープの素………1/2個
  - ローリエ……………………1枚
- （青み）イタリアンパセリ、パセリ、クレソンなど……………適量

＊ぶつ切り肉は冬に多く出回ります。ないときは、足1本を切り分けるか、手羽元を使っても。

作り方

1. たまねぎは8つ割りにし、にんじんは7〜8mm厚さの輪切りにします。にんにくはあらくきざみます。ベーコンは1cm幅に切ります。
2. 肉にAをもみこみ、小麦粉をまぶします。
3. 深めのフライパンで、ベーコンを強めの中火で1分ほどいため、油、にんにく、とり肉を加えて、肉の両面を軽く焼きます。たまねぎ、にんじんを加えて軽くいため、Bを加えます。
4. 沸とうしたらアクをとり、弱火にしてふたをずらしてのせ、約20分煮ます。時々上下を返します。煮汁が1〜2cm深さになったら味をみて、塩、こしょう（材料外）で味をととのえます。
5. 青みの野菜をあらくきざみ、散らします。

骨つきもも肉を3つに切り分ける場合は、1) 太い部分の骨にそって切りこみを入れ　2) 関節に刃を入れて切り離し　3) 太い部分を骨を避けて2つに切る

とり肉のトマト煮

短時間に煮あがるので大助かり。キャベツもたっぷり食べられます

カロリー	1人分：もも309kcal　むね300kcal
調理時間	20分
日もち	冷蔵で翌日
献立例	ズッキーニのグリル焼きサラダ・きのこのスープ

材料 (2人分)

- とり肉(ももまたはむね)……200g
- A〔 塩…小さじ1/3／こしょう…少々
  　　小麦粉……………………大さじ1
- にんにく……………………小1片(5g)
- キャベツ……………………小1/4個(200g)
- たまねぎ……………………1/2個(100g)
- サラダ油……………………大さじ1/2
- [煮汁]
- B〔 トマト水煮缶詰
  　　（ホールでもカットでも）
  　　　　　　　　……………1/2缶(200g)
  　　白ワイン……………大さじ2
  　　スープの素………小さじ1/2
  　　水…………………50ml
- C〔 塩…小さじ1/4／こしょう…少々
- パセリのみじん切り……少々

作り方

① とり肉は食べやすい大きさに切ります。Aをもみこみ、小麦粉をまぶします。

② にんにくは薄切りにします。キャベツは芯をつけたまま2つに切ります。たまねぎは5mm厚さに切ります。

③ トマトがホールなら、ボールに入れてざっとつぶします。

④ 深めのフライパンに油を熱し、肉の両面を焼きます。②とBを加え、ふたをして中火で8～10分煮ます。途中上下を返します。

⑤ 最後にCで味をととのえます。盛りつけてパセリを散らします。

とり肉のホワイトシチュー

煮る

肉に小麦粉をまぶしてパサつきにくくします。たまねぎをいためて作るホワイトソースは作りやすい

カロリー	1人分：もも555kcal　むね546kcal
調理時間	30分　　　日もち　冷蔵で翌日
献立例	コーンとレタスのツナサラダ・りんごのコンポート

材料（2人分）

- とり肉（ももまたはむね）……200g
- A ┃ 塩 ……小さじ1/4
- 　 ┃ こしょう ……少々
- 　 ┗ 小麦粉 ……大さじ1/2
- サラダ油 ……大さじ1
- にんじん ……80g
- じゃがいも ……大1個(200g)
- ブロッコリー ……1/2株(100g)
- B ┃ 水 ……カップ1・1/2
- 　 ┃ スープの素 ……小さじ1
- 　 ┗ ローリエ ……1枚

[ホワイトソース]
- たまねぎ ……1/2個(100g)
- バター ……20g
- 小麦粉 ……大さじ2
- 牛乳 ……200ml
- 塩 ……小さじ1/4
- こしょう ……少々

作り方

① にんじん、じゃがいもはひと口大に切り、Bで8～10分煮て（または電子レンジ→下写真）、野菜に竹串が通るくらいにします。

② たまねぎは薄切りにします。

③ 肉はひと口大に切り、Aを順にまぶします。

④ 1) 厚手の鍋に油を熱し、肉の表面を軽く焼いてとり出します。 2) 続いて、ホワイトソースのたまねぎ、バターを、こがさないように弱火で1～2分いためます。小麦粉を加えて1分いためて、一度火を止め、牛乳半量を加えてよく混ぜます。 3) 残りの牛乳を加え、混ぜながら中火にかけます。 4) とろみが出たら、肉と①を加え、弱火で7～8分煮ます。 5) ブロッコリーは小房に分け、電子レンジで約1分加熱します。鍋に加え、塩、こしょうで味をととのえます。

point

耐熱容器にBと①の野菜を入れ、電子レンジで5～7分加熱。煮くずれしにくい

ひき肉の料理

ひき肉の特徴と使い方

調理して冷凍保存がお得

ひき肉はハンバーグ、ぎょうざ、ミートソースなどの定番料理に欠かせません。生肉はいたみやすいのですが、加熱すればストック食品として便利に活用できます（→保存のコツ187）。複数の部位が入るため、脂肪の割合などは店や商品によって様々です。

＊カロリー数値は平均的なもの。

ひき肉の目利き

肉により色は違うが、よいものは色が鮮明で、透明感がある。しっとり感はあるがべとつかず、肉汁が出ていない。皮や脂肪が多い商品は、牛豚肉は白っぽく、とり肉はクリーム色。

牛ひき肉
牛肉のうま味があり、肉質は、豚肉に比べると脂肪と水分が少なめで、加熱でかたくなりがち。すね肉やばら肉などいろいろな肉が混ぜてひかれる。洋風料理によく使う。

合びき肉
牛肉と豚肉を合わせてひいたもの。牛肉のうま味と豚肉の脂肪のジューシーさがほどよく混ざっている。ハンバーグなど洋風料理を中心に使う。

豚ひき肉
赤身のひき肉（写真左）と、脂肪が多めのひき肉（右）が売られている。ぎょうざやしゅうまい、麻婆豆腐などの中国料理によく使う。脂肪が多めのほうが、やわらかジューシー。

とりひき肉
もものひき肉（写真左）、むねのひき肉（右）などと部位別に売られることも。肉の部位や脂肪の割合は商品によって異なる。とり肉の淡泊な味は、和風の料理によく合う。

料理に合ったひき肉選び

ハンバーグ
牛ひき肉、合びき肉で作るとうま味があり、おいしい。赤身の豚ひき肉、とりひき肉なら低カロリーになりますが、パサつきがちなので、ソースなどでカバーを。

ぎょうざ、しゅうまい
脂肪がある豚ひき肉で作るとジューシーに作れます。

そぼろ、つみれ
しょうゆなどのさっぱりした味の和風料理には、とりひき肉がよく合います。

ひき肉の調理のコツ

形作るコツ

よく混ぜると生地がまとまる
ハンバーグや肉だんごを形作るときは、生地の材料を合わせ、少しねばりが出るくらいまで混ぜます。生地がなめらかになり、きれいにまとまります。あまり混ぜすぎると、しまってかたくなります。

手に水をつける
生地を形作るときは、手に水または油を少々つけると、手につかずきれいにできます。

加熱のコツ

きれいにほぐす
ひき肉をほぐすには、加熱で肉がかたまる前によくほぐすのがポイントです。たとえば肉そぼろは、調味液とひき肉をよく混ぜてから火にかけます。いためものなら、いため始めにフライ返しなどでひき肉を押さえつけて薄く広げ、裏返して同様にするとほぐれやすくなります。

しっかりいためて、くさみをとる
たとえば麻婆豆腐のひき肉に火が通っていないと肉のくさみが残っておいしくありません。ミートソースや肉みそも同様。肉から出る脂のにごりがとれてすき通るくらいまで、ひき肉をよくいためてから次の液体などを加えます。

肉汁で火通り具合を見る
ハンバーグやミートローフなどのかたまりを加熱した場合、火が通ったかどうかの確認は、竹串を刺してみて、穴から透明の汁が出てくれば火が通っています。赤い肉汁ならまだです。

⬇ ハンバーグ

人気の定番は、サイズも自在で冷凍保存もきく便利な料理

カロリー	1人分：合びき447kcal　牛ひき448kcal　豚ひき445kcal　とりひき390kcal
調理時間	35分（ハンバーグ25分）　**日もち** 冷蔵で翌日、ハンバーグは冷凍で1～2週間
献立例	紫たまねぎのマリネ・ひよこ豆のスープ

➡ ミニハンバーグのお弁当

お弁当用にはミニハンバーグ。
ケチャップソースで煮からめたり、
チーズを細く切ってオーブントースターで
軽く焼いたりしてみては。

冷凍
冷凍しておくと、お弁当や忙しいときにも役に立つ。

直焼きハンバーグ の作り方

牛ひき肉や合びき肉を、パックからとり出したまま焼けば、肉のうま味そのもののハンバーグ。たっぷりめの粗びきこしょうの上に、ひき肉をくずれない程度にそっとまとめてのせ、塩少々をふって焼きます。ベーグルバーガーもすぐ作れます。

材料（2人分）
[ハンバーグ生地]
- 合びき肉*……………………200g
- たまねぎ……………………1/2個(100g)
- 　バター……………………5g
- パン粉…カップ1/4(10g)／牛乳…大さじ1・1/2
- 卵…1/2個／塩…小さじ1/6
- こしょう・ナツメグ………各少々
- (焼き用)サラダ油…………大さじ1/2

[ソース]
- 赤ワイン・水………………各大さじ2
- トマトケチャップ…………大さじ1・1/2
- とんカツソース……………大さじ1/2

[つけ合わせ]
- 目玉焼き……………………2個
- サニーレタス・ミニトマト…各適量

＊牛ひき肉の場合は焼き時間を短めにしてかたくならないように。豚ひき肉なら適度に脂肪があるほうがやわらかく作れます。

作り方

① たまねぎをみじん切りにし、バターで2〜3分いため、さまします。

② ボールに、①も含めた生地の材料を合わせて ⓐ、手で混ぜ、ねばりが出てきたら ⓑ、2等分にして、手に打ちつけて空気を抜きながら楕円形に形づくり ⓒ、中央を少しへこませます。

③ フライパンに油を熱し、生地を入れます。中火で1分ほど焼き、焼き色がついたら裏返して弱火にし、ふたをして ⓓ、6〜7分焼きます。中央ににじみ出る汁 ⓔ が透明になったら火が通っているのでとり出します。

④ フライパンの汚れをさっとふき、ソースの材料を入れてひと煮立ちさせます。ハンバーグとつけ合わせを盛りつけてソースをかけます。

＊目玉焼きは、ふたをしないで弱火で焼くと黄身がくもりません。

あんかけハンバーグ

とろみのあるしょうゆあんは、お年寄りにも食べやすい味です

ハンバーグ／ひき肉

カロリー	1人分：合びき363kcal　豚ひき361kcal　とりひき306kcal
調理時間	35分（ハンバーグ25分）
日もち	冷蔵で翌日。ハンバーグは冷凍で1〜2週間
献立例	きんぴらごぼう・キャベツとわかめのみそ汁

材料（2人分）

[ハンバーグ生地]
- 合びき肉　200g
- たまねぎ　1/2個（100g）
- バター　5g
- パン粉　カップ1/4（10g）
- 牛乳　大さじ1・1/2
- 卵　1/2個
- 塩　小さじ1/6
- こしょう・ナツメグ　各少々
- （焼き用）サラダ油　大さじ1/2

[たまねぎソース]
- たまねぎ　1/4個（50g）
- A
  - 水　80ml
  - しょうゆ　大さじ1
  - みりん　大さじ1
- B
  - かたくり粉　大さじ1/2
  - 水　大さじ1

[つけ合わせなど]
- ベビーリーフ　1/2パック
- おろししょうが　小さじ1/2

作り方

① たまねぎをみじん切りにし、バターでいためてさまし、ハンバーグの生地を混ぜます。2等分にして楕円形に形づくります。

② フライパンに油を熱し、①を中火で1分ほど焼きます。焼き色がついたら裏返して弱火にし、酒大さじ1（材料外）を加えてふたをし、6〜7分焼いて火を通します。

③ たまねぎソースを作ります。たまねぎは薄切りにします。小鍋にAとたまねぎを入れ、中火で約2分煮ます。Bを混ぜて鍋に加え、とろみがついたら火を止めます。

④ ハンバーグを盛りつけてソースをかけ、おろししょうがをのせます。ベビーリーフを添えます。

ハンバーググラタン

混ぜてチンするだけのかんたんソースをかけて焼きます

カロリー	1人分：合びき571kcal　牛ひき572kcal　豚ひき569kcal
調理時間	50分（ハンバーグ25分）
日もち	冷蔵で翌日。ハンバーグは冷凍で1～2週間
献立例	セロリとにんじんのサラダ・しいたけのスープ

材料（2人分）

[ハンバーグ生地]
- 合びき肉　　　200g
- たまねぎ　　　1/2個（100g）
- バター　　　　5g
- パン粉　　　　カップ1/4（10g）
- 牛乳　　　　　大さじ1・1/2
- 卵…1/2個／塩…小さじ1/6
- こしょう・ナツメグ…各少々
- （焼き用）サラダ油…大さじ1/2

[チーズ入りホワイトソース]
- A
  - バター　　　20g
  - 小麦粉　　　大さじ1・1/2
  - 牛乳　　　　カップ1
  - 塩　　　　　小さじ1/8
  - こしょう　　少々
- ピザ用チーズ　30g

[野菜]
- ブロッコリー　50g
- コーン（水煮または冷凍）…30g

作り方

① ハンバーグはp145のとおりに作って焼きます。
② ブロッコリーは小房に分けてゆでるか、ラップをして電子レンジで約1分加熱します。
③ 耐熱容器などに、Aの材料を合わせ、泡立器で混ぜてラップをします。電子レンジで約2分加熱し、一度とり出して泡立器で混ぜ、さらに約2分加熱し混ぜます。チーズを加えます。
④ 耐熱皿にハンバーグと野菜を入れ、③をかけます。オーブントースターで焼き色がつくまで10分ほど焼きます。

point ソースは材料を合わせてレンジで作れる。加熱前後と途中で混ぜるのがポイント

point 加熱後、混ぜてとろりとなったところにチーズを加え、ざっと混ぜる

とうふハンバーグ

畑の肉とのコラボレーション。さっぱり味が合います

カロリー	1人分：豚ひき361kcal　とりひき320kcal
調理時間	30分
日もち	当日
献立例	キャベツの浅漬け・梅しそごはん・みつばのかきたま汁

材料（2人分）

[とうふハンバーグ生地]
- 豚ひき肉* ……… 150g
- もめんどうふ ……… 1/3丁(100g)
- たまねぎ ……… 1/2個(100g)
- バター ……… 10g
- A
  - 卵 ……… 1/2個
  - 塩 ……… 小さじ1/3
  - しょうゆ ……… 小さじ1
  - こしょう ……… 少々
- (焼き用)サラダ油 ……… 大さじ1

[つけ合わせ]
- かぶ ……… 1個(100g)
- しめじ ……… 1/2パック(50g)
- だいこん ……… 150g
- しょうが ……… 1かけ(10g)
- ぽん酢しょうゆ ……… 適量

＊とりひき肉でも。

作り方

① たまねぎはみじん切りにし、バターでいため、さまします。
② とうふはあらくくずし、ペーパータオルの間にはさんで電子レンジで1分30秒加熱し、水気をきります。さまします。
③ ボールにひき肉とA、①を入れて混ぜ、とうふを加えて混ぜます。小判形4つにまとめます。
④ かぶは茎を少し残して6つ割りにし、しめじは小房に分けます。
⑤ フライパンに油大さじ1/2を熱して④を強めの中火でいため、とり出します。油大さじ1/2をたして、中火で③を焼き、焼き色がついたら裏返し、弱火でふたをして5分ほど焼きます。
⑥ だいこんとしょうがをすりおろして、⑤に添えます。ぽん酢をかけて食べます。

point とうふはペーパーにはさみ、ラップなしで加熱

パプリカのハンバーグ詰め

目先が変わるばかりか、野菜の栄養もプラスします

カロリー	1人分：合びき500kcal 豚ひき498kcal
調理時間	30分
日もち	冷蔵で翌日
献立例	アスパラガスのサラダ・ビシソワーズ

材料（2人分）

赤・黄パプリカ	各1個
小麦粉	大さじ1/2
白ワイン	大さじ1
サラダ油	大さじ1/2

[ハンバーグ生地]

合びき肉	200g
たまねぎ（みじん切り）	1/2個（100g）
バター	5g
パン粉	カップ1/4（10g）
牛乳	大さじ1・1/2
卵	1/2個
塩	小さじ1/6
ナツメグ・こしょう	各少々

[つけ合わせ・野菜入りスパゲティ]

スパゲティ	50g
キャベツ	1枚（60g）
にんじん	30g
A オリーブ油	小さじ1/2
A 塩・こしょう	各少々
パセリのみじん切り	大さじ1/2

作り方

① たまねぎはバターでいため、さまします。ハンバーグの生地を混ぜ、6等分します。

② パプリカは上下を切り落として種をとり、1.5cm厚さの輪切りを3つずつとります。パプリカの内側に小麦粉をふって生地を詰めます。

③ フライパンに油大さじ1/2を熱して、②を並べます。両面に焼き色がついたら、ワインを加えてふたをし、中火で約4分蒸し焼きにし、火を止めて2分ほど蒸らします。

④ つけ合わせの野菜は細切りにします。スパゲティを表示のとおりにゆで、ゆであがる1～2分前に野菜を加えて、一緒にざるにとります。Aであえます。

⑤ ③にケチャップ（材料外）をのせ、パセリをふります。④を添えます。

point ハンバーグ生地は焼き縮んではずれやすいのでしっかり詰める

ハンバーグ

フライパン焼きミートローフ

フライパンで蒸し焼きにします。作りやすい4人分量です

カロリー	1人分：合びき296kcal 豚ひき295kcal
調理時間	35分
日もち	冷蔵で翌日
献立例	スナップえんどうのサラダ・クリームスープ

ひき肉

材料（4人分）

[ハンバーグ生地]
- 合びき肉……250g
- たまねぎ……1/2個（100g）
- A
  - パン粉……カップ3/4（30g）
  - 卵……1個
  - 牛乳……大さじ1
  - 塩……小さじ1/4
  - ナツメグ・こしょう……各少々
- ミックスベジタブル（冷凍）……100g

[その他]
- うずら卵（水煮）……6～7個
- クッキングシート（約30×25cm）……2枚
- ハーブ、レタスなど……適量

[ソース]
- トマトケチャップ……大さじ2
- マヨネーズ……大さじ2

作り方

① ミックスベジタブルは熱湯に通します。たまねぎはみじん切りにします。

② ボールにひき肉、たまねぎのみじん切り、Aを合わせ、ねばりが出るまでよく混ぜます。ミックスベジタブルを加えてざっと混ぜ、2等分します。

③ クッキングシートに②の半量を置いて、中心にうずらの卵をのせて、端から巻き、直径5～6cmの棒状に形を整えます。シートで包みます。もう1本作ります。

④ フライパンに、③をシートの巻き終わりを下にして入れ、水150ml（材料外）を加えてふたをします。弱めの中火で約20分蒸し焼きにします。途中上下を返します。

⑤ あら熱がとれたら、切り分けて盛りつけ、ソースの材料を合わせて添えます。

point 生地を約10×15cmに広げ、卵を芯にして巻き、シートで包む

グリーンメンチカツ

肉を練らない程度でまとめ、ソフトに仕上げます

カロリー	1人分：合びき506kcal　牛ひき507kcal　豚ひき505kcal
調理時間	30分
日もち	冷蔵で翌日、冷凍で1〜2週間
献立例	かぼちゃのレモン煮・にんじんの卵入りスープ

材料（2人分）

- 合びき肉 …………… 100g
- たまねぎ …………… 1/2個（100g）
- パセリ ……………… 1枝（10g）
- スライスチーズ（溶けるタイプ） ……………… 2枚
- A
  - 塩 …………… 小さじ1/4
  - こしょう …………… 少々
  - パン粉 …………… カップ1/4（10g）
- B
  - 小麦粉 …………… 大さじ1
  - とき卵 … 1/3個分＋水 … 大さじ1/2
  - パン粉 …………… カップ1/3（15g）
- 揚げ油 ……………… 適量

[つけ合わせ]
- キャベツ …………… 100g
- パセリ ……………… 少々

[ソース]
- とんかつソース …… 大さじ2
- トマトケチャップ …… 大さじ1
- 赤ワイン …………… 大さじ1

作り方

1. たまねぎはみじん切りにし、皿にドーナッツ状に広げます。ラップなしで電子レンジで約2分加熱し、さまします。
2. パセリは葉を小さくちぎり、チーズは1枚を4等分にして重ねます。
3. ボールに肉、①、パセリを合わせ、Aを加えて、ねばり気が出る手前程度に混ぜます。2等分にし、それぞれの中央にチーズを包みこみながら円盤状に形作ります。Bを順につけます。
4. 揚げ油を中温（160〜170℃）に熱して③を入れ、2〜3分かけてゆっくり火を通します。
5. キャベツはせん切りにします。ソースの材料を合わせて電子レンジで約1分加熱します。カツに添えます。

point 生地からはみ出さないようにチーズを包みこむ

ミニロールキャベツ

ミニサイズで、キャベツが大きくなくても作れます。レモンの風味でさっぱり

ハンバーグ・肉だんご / ひき肉

カロリー	1人分：合びき244kcal　牛ひき244kcal　豚ひき242kcal
調理時間	45分
日もち	冷蔵で翌日、冷凍で1〜2週間
献立例	ブロッコリーの粉チーズ焼き・プルーンのワイン漬け（p104）

材料（4人分・16個分）

キャベツ*……500g

[ハンバーグ生地]
- 合びき肉……250g
- たまねぎ（みじん切り）……100g
- 卵……1個
- パン粉……カップ1/2（20g）
- 牛乳……大さじ3
- 塩……小さじ1/4
- ナツメグ・こしょう……各少々

[煮汁ほか]
- A
  - ベーコン・ローリエ……各1枚
  - 水……カップ4
  - 固形スープの素（きざむ）……1個
- レモン……1個
- 塩・こしょう……各少々

*芯からはずした葉。手の平大が16枚分必要。

作り方

① キャベツは熱湯で1〜2分ゆで、さまします。芯の厚い部分を包丁でそぎとって平らにし、手の平大を16枚とります。大きい葉は半分に。

② 生地の材料をよく混ぜ、16等分して俵形にまとめます。キャベツを広げて生地をのせ、手前、片横の葉をたたみ、向こうまで巻いて、残った片横の葉を中に押しこみます。

③ ベーコンは1cm幅に切ります。レモンは薄切り4枚をいちょう切りにし、残りでしぼり汁大さじ2をとります。

④ 厚手の鍋などに、②を巻き終わりを下にして並べ、Aとレモン汁を加えて強火にかけます。沸とうしたらアクをとり、落としぶたと鍋のふたをして弱火で約30分煮ます。

⑤ 最後に切ったレモンを加え、塩、こしょうで味をととのえます。

point 最後に片横の葉を押しこむ。ここに芯がこないようにする。ぎっしり並べると形がくずれない

肉だんごと春雨のスープ

主菜にもなるボリューム。
p154の肉だんごを利用しても

カロリー	1人分：豚ひき176kcal　とりひき149kcal
調理時間	20分
日もち	当日。ゆでた肉だんごは冷凍で1～2週間
献立例	白身魚のから揚げ・海藻とサニーレタスのサラダ

材料（2人分）

[肉だんご生地]
- 豚ひき肉……………100g
- 酒……………大さじ1
- 塩……………小さじ1/8
- しょうゆ……………小さじ1/2
- かたくり粉……………小さじ1
- ねぎ（みじん切り）……1/4本

[ほかの具]
- しいたけ……………1個
- にんじん……………3cm（30g）
- こまつな……………1/4束（70g）
- はるさめ……………20g

[スープ]
- A
  - 水……………カップ3
  - 中華スープの素……小さじ2
- B
  - しょうゆ……………小さじ1/2
  - 塩・こしょう……各少々
  - しょうが汁……小さじ1

作り方

① はるさめははさみで4cm長さに切ります。しいたけは薄切りに、にんじんは1cm幅のたんざく切りにします。
② こまつなは4cm長さに切ります。
③ ボールに肉だんごの材料を合わせて手でよく混ぜ、6等分して丸めます。
④ 鍋にAを煮立て、③と①を加えます。アクをとり、3～4分煮ます。
⑤ 仕上げに、こまつなを加え、Bで味をととのえます。

🔽 肉だんご

子どもたちに大人気です。
作りおきできるので助かります

肉だんご

ひき肉

カロリー	1人分：225kcal　1個：45kcal（ゆでた場合は40kcal）		
調理時間	30分	日もち	冷蔵で翌日、冷凍で1～2週間
献立例	たことねぎの中華サラダ・青菜とえのきのスープ		

➡ 肉だんごの酢豚

肉だんごは応用がきいて便利。
めんつゆをからめてお弁当に入れたり、
スープや鍋の具、
いためものにも（→作り方p155）。

冷凍
甘酢からめやケチャップからめなどにするほか、いためものやスープに使える。

材料 （4人分・20個分）
[肉だんご生地]
- 豚ひき肉……250g
- たまねぎ……1/2個（100g）
- A
  - 卵……1個
  - パン粉……カップ1/3（15g）
  - しょうが汁……小さじ1/2
  - 塩……小さじ1/4
  - こしょう……少々
- 小麦粉……大さじ1・1/2
- 揚げ油……適量

[添えものなど]
- サラダ菜……2枚
- トマトケチャップ……大さじ1
- さんしょう塩（粉さんしょう…小さじ1/2＋塩…小さじ1）

作り方
① たまねぎはみじん切りにします。ボールにひき肉を入れ、たまねぎ、Aを加えてよく混ぜます。
② ①を20等分し、手にサラダ油少々（材料外）をつけ、丸めます。小麦粉をまぶします ⓐ 。
③ 揚げ油を中温（160〜170℃）に熱し、②を入れ、さい箸でころがしながら4〜5分揚げます ⓑ 。薄く色づいたら、とり出します。
④ サラダ菜を敷き、肉だんごを盛りつけます。好みで、ケチャップ、さんしょう塩を添えます。

ⓐ 粉をボールに入れて生地をころがせば、まんべんなくまぶせる

ⓑ 肉だんごは揚げてもゆでても。作りおきする場合は、目的を考えて加熱

肉だんごの酢豚の作り方
いつもはちょっと手間なおかずも、ストック肉だんごでラクチン

材料 （2人分）
- 肉だんご……10個（加熱したもの）
- にんじん……30g
- ゆでたけのこ……50g
- ピーマン……1個
- しいたけ……3個
- たまねぎ……1/4個（50g）
- サラダ油……大さじ1

[甘酢あん]
- 砂糖・酢・しょうゆ……各大さじ1
- トマトケチャップ……大さじ1
- 中華スープの素……小さじ1/4
- 塩……少々
- かたくり粉……小さじ1
- 水……カップ1/2

作り方
① にんじんは3mm厚さのいちょう切りに、ほかの野菜はひと口大に切ります。甘酢あんの材料は合わせます。
② フライパンに油を熱し、野菜を中火で1〜2分いため、肉だんごを加えます。あんをもう一度混ぜてから加え、混ぜながら煮立てます。

↓つくねの照り煮

きのこで増量、
食物繊維もとれます

肉だんご

ひき肉

カロリー	1人分：210kcal　1個：70kcal		
調理時間	25分	日もち	冷蔵で翌日、冷凍で1〜2週間
献立例	長いもとみつばのサラダ・けんちん汁		

→つくね弁当

冷凍しておくと、
お弁当に便利です。

冷凍
冷凍はたれをからめる前の状態でも。

ひき肉生地を一度に焼く

ハンバーグなどのひき肉生地をフライパンいっぱいに広げて焼いて切り分けると、目先が変わります。
写真はつくねの生地。油をひいたフライパンに広げ、ふたをして弱めの火で約5分ずつ両面を焼きます。裏返すときは、皿をかぶせて逆さに。ごまをふり、ぽん酢しょうゆで食べます。

材料（4人分・12個分）

［つくね生地］
- とりひき肉……300g
- えのきだけ……1袋（100g）
- 万能ねぎ……3本
- A
  - しょうが汁……小さじ2
  - とき卵……1/2個分
  - かたくり粉……大さじ1
  - 酒……大さじ1
  - 塩……小さじ1/4
- サラダ油……大さじ1

［たれ］
- 水……カップ1/4
- 砂糖……大さじ1
- 酒……大さじ1
- みりん……大さじ1
- しょうゆ……大さじ1・1/2

［薬味類］
- だいこん（すりおろす）……200g
- しその葉……5枚

作り方

① たれの材料は合わせます。

② えのきだけは根元を切り落とし、細かく切ります。万能ねぎは小口切りにします。

③ ボールにひき肉とAを合わせて、手でよく混ぜ、②を加えて混ぜます ⓐ。12等分して小判形に丸めます（手に水を少々つけるとまとめやすい）。

④ フライパンに油大さじ1/2を熱し、③の半量を中火で3〜4分焼きます。焼き色がついたら裏返し、ふたをして、弱めの中火でさらに3〜4分焼いてとり出します。油大さじ1/2をたし、残りも同様に焼きます。

⑤ つくねすべてをフライパンにもどし、たれを加えます。からめながら中火で3〜4分、汁気がほぼなくなるまで煮つめます。

⑥ しその葉1枚をみじん切りにし、だいこんおろしと混ぜます。皿にしその葉を敷いて⑤を盛りつけ、おろしを添えます。

ⓐ きのこをたっぷり。細かく切れば歯にもさわらず食べやすい

ミートソーススパゲティ

ミートソースは、
まとめて作っておいても重宝します

カロリー	1人分：牛ひき630kcal　合びき630kcal　豚ひき628kcal
調理時間	50分（ミートソース40分）　**日もち**　ミートソースは冷蔵で3日、冷凍で3〜4週間
献立例	レタスときゅうりのサラダ・コーンのミルクスープ

ピザトースト

パンにミートソースとチーズ、パセリを
のせて焼けばピザトースト。
ソースのストックは、朝も助かります。

冷凍
用途に合わせて小分けするか、割り目をつけておく（→p187）。

タコライス風に変身

ミートソースで人気の沖縄料理が作れます。タコスにはさむ具をごはんにのせる料理です。ミートソースはチリパウダーやタバスコを加えて辛味づけしてごはんにのせ、チーズものせ、電子レンジで1分加熱してチーズを溶かします。トマト、レタス、トルティーヤチップスを散らします。

材料（2人分）

牛ひき肉*		150g
オリーブ油		大さじ1・1/2
A	たまねぎ	小1個(150g)
	セロリ	1/4本(30g)
	にんにく	小1片(5g)
B	水	150ml
	固形スープの素	1/2個
	トマト水煮缶詰**	1/2缶(200g)
	マッシュルーム水煮(スライス)	25g
	赤ワイン	大さじ2
	砂糖	小さじ1
	塩	小さじ1/3
	ローリエ	小1枚
	こしょう	少々
スパゲティ		160g
粉チーズ・パセリのみじん切り		各少々

＊牛肉がおいしいですが、合びきや豚ひき肉にしても。
＊＊ホールでもカットでも。

作り方

① Aの野菜はそれぞれみじん切りにします。
② 厚手の鍋に、オリーブ油とにんにくを入れて弱火にかけます。香りが出てきたら、たまねぎ、セロリを加えて強火で3分ほどいためて水分をとばし、弱〜中火にして色づくまで2〜3分いためますⓐ。
③ ②にひき肉を加えてほぐしながらⓑ、中火で2〜3分いため、Bを加えますⓒ。トマトがホールなら、へらでつぶします。弱火で15〜20分煮て（ふたはなし）、とろりとしたら火を止めます。
④ パスタを表示のとおりにゆで、ソースをかけます。

ⓐ 茶色になるまでいためるとコクが出る。鍋だとこげつくようならフライパンでも

ⓑ 加熱でかたまるまでに肉をよくほぐす。さらによくいためてくさみをとばす

ⓒ とろりとした状態になるまで煮こむ

🔽 肉みそごはんのレタス包み

肉みそは、そのままでも、
いろいろなものにかけても使えるおかずの素

カロリー	1人分：266kcal		
調理時間	20分（肉みそ10分）	日もち	肉みそは冷蔵で3日、冷凍で3〜4週間
献立例	いかときゅうりの中華あえ・春雨スープ		

➡ 担々麺(タンタンメン)

即席ラーメンにのせて
ラー油をかければ
ボリュームの肉みそめん。

冷凍

肉みそは少しずつでもなにかと使えるので、冷凍保存が便利。小分けするか、割り目をつけておく（→p187）。

材料 （4人分・8個分）

[肉みそ]

豚ひき肉	150g
A ねぎ	1/4本
しょうが	小1かけ(5g)
にんにく	小1片(5g)
ごま油	大さじ1/2
豆板醤（トーバンジャン）	小さじ1/4
B みそ	大さじ1
砂糖	大さじ1
酒	大さじ1
しょうゆ	大さじ1/2
中華スープの素	小さじ1/2
水	カップ1/4
C かたくり粉	小さじ1/2
水	小さじ1

[ごはんなど]

ごはん	320g
レタス	小8枚
ねぎ（白い部分）	10cm
スプラウト	1/2パック
ザーサイ（味つきびん詰め）	20g

作り方

① Aはみじん切りにします。BとCはそれぞれ合わせます。
② フライパンにごま油を熱し、Aをいためます。香りが出てきたらひき肉を加え、ほぐしながら中火で2～3分いためますⓐ。
③ 豆板醤を加えて軽くいためてから、Bを加え、水分をとばすように1分ほどいためます。Cの水どきかたくり粉を加えてひと煮立ちさせます。
④ レタスは水に放してパリッとさせます。ねぎは5cm長さのせん切りにし、スプラウトは根元を落とします。
⑤ レタスにごはんと肉みそをのせ、ねぎ、スプラウト、ザーサイをのせます。

ⓐ肉がかたまる前にポロポロにし、さらにいためて肉のくさみをとばす

肉みその利用

ピリ辛の味つけなので、小さなおかずや酒の肴にいろいろ使えます。

「冷や奴の肉みそのせ」

「揚げなすの肉みそがけ」

「ふろふきだいこん風」

ソース・そぼろ

とりそぼろ丼

とりそぼろは、甘からのしょうが味がごはんによく合う常備菜

カロリー	1人分：572kcal
調理時間	20分（とりそぼろ10分）
日もち	とりそぼろは冷蔵で3日、冷凍で3～4週間
献立例	ほうれんそうのおひたし・かぶの浅漬け・なすのみそ汁

ひき肉

材料（2人分）

[とりそぼろ]
- とりひき肉……200g
- しょうが……1かけ（10g）
- A
  - 砂糖……大さじ1
  - みりん……大さじ1
  - しょうゆ……大さじ2

[いり卵]
- 卵……2個
- B
  - 砂糖……大さじ1
  - みりん……大さじ1/2
  - 塩……小さじ1/6

- さやえんどう……10枚
- 甘酢しょうが……適量
- 温かいごはん……2膳分（300g）

作り方

① しょうがはみじん切りにします。
② 鍋にAとひき肉、しょうがを入れて箸数本で混ぜます。中火にかけて混ぜながら加熱し、7～8分煮ます。
③ 卵にBを混ぜます。フライパンに入れ、弱火～中火で混ぜながら、いり卵を作ります。
④ さやえんどうは筋をとり、さっとゆでて、2～3つの斜め切りにします。
⑤ 丼にごはんをよそい、②～④をのせ、甘酢しょうがを添えます。

point 火にかける前に、調味液とひき肉を混ぜておくと、ほぐれやすい。さらに混ぜながら加熱

冷凍 とりそぼろがあるとお弁当作りには心強い。小分けするか、割り目をつけておく（→p187）。

ドライカレー

まとめて作っておけば、ランチにも活用できます

カロリー	1人分：牛ひき684kcal　合びき683kcal　豚ひき681kcal
調理時間	45分（ドライカレー40分）
日もち	冷蔵で3日、冷凍で3～4週間
献立例	キャベツの洋風甘酢漬け・キウイのヨーグルトかけ

材料（2人分）

- 牛ひき肉* ………… 200g
- サラダ油 ………… 大さじ1
- A
  - たまねぎ ………… 1個（200g）
  - しょうが ………… 1かけ（10g）
  - にんにく ………… 1片（10g）
- B
  - カレー粉 ………… 大さじ1・1/2
  - 水 ………… カップ1
  - 固形スープの素 ………… 1個
  - トマト水煮缶詰 ………… 1/2缶（200g）
  - 赤とうがらし（種をとる） ………… 1～2本
- レーズン ………… 30g
- 塩・こしょう・カレー粉 ………… 各少々

[ごはん・添え野菜]
- 温かいごはん ………… 2膳分（300g）
- スライスアーモンド ………… 5g
- みず菜・パプリカなど ………… 少々

＊合びき、豚ひきでも。

作り方

1. Aはみじん切りにします。
2. 厚手の鍋か深めのフライパンに油を熱し、Aを加えます。強火～中火で5分ほどいため、茶色くなったらひき肉を加えて、ほぐしながらいためます。
3. 肉がよくいたまったら、カレー粉を加えて軽くいため、Bのほかの材料を加えます。アクをとり、ふたをずらしてのせ、弱火で約20分煮ます。
4. レーズンはぬるま湯につけてやわらかくし、アーモンドはフライパンでいります。
5. 仕上げに鍋にレーズンを加えて、味をみて、塩、こしょう、カレー粉で味をととのえます。ごはんにかけ、アーモンドを散らし、野菜を添えます。

冷凍 小分けするか、割り目をつけておく（→p187）。

ソース・そぼろなど

ひき肉入りオムレツ

時間がないときも、おさいふが寂しいときも大助かり

カロリー	1人分：牛・合・豚ひきともに358kcal
調理時間	20分　日もち　ひき肉あんは冷蔵で翌日、冷凍で1〜2週間
献立例	トマトとたまねぎのサラダ・マッシュルームのスープ

ひき肉

材料（2人分）

- 卵…………4個
- 牛乳…………大さじ2
- 塩・こしょう…………各少々
- バター…………10g

[ひき肉あん]
- ひき肉*…………50g
- たまねぎ…………1/2個（100g）
- サラダ油…………少々
- 塩・こしょう…………各少々

[ケチャップソース]
- トマトケチャップ…………大さじ2
- ウスターソース…………大さじ1/2

[つけ合せ]
- キャベツのせん切り…………2枚分（100g）
- ポテトサラダ…………適量

＊写真は牛ひき肉。合びき肉、豚ひき肉でも作れます。

作り方

① たまねぎはみじん切りにします。

② フライパンに油を熱し、強めの中火でたまねぎを2〜3分いためます。薄く色づいたら、ひき肉を加えてほぐしていため、塩、こしょうで調味し、とり出します。2等分にします。

③ ボールに、ひとり分の卵2個をときほぐし、牛乳大さじ1と塩、こしょうを混ぜます。

④ フライパンにバター半量を溶かし、卵液を流して箸で大きく混ぜ、かたまり始めたら、ひき肉あんを卵の中央に横長にのせて火を止めます。手前の卵を肉あんにかぶせ、フライパンの向こう端に皿を当てて、オムレツを向こうにずらしながら皿に返してとります。

⑤ ペーパーを当ててオムレツの形を整え、キャベツとポテトサラダを添えます。ケチャップとウスターソースを混ぜて、オムレツにかけます。

ひき肉となすのいためもの

手近な材料で、ささっと作れます

カロリー	1人分：330kcal
調理時間	15分
日もち	冷蔵で翌日
献立例	冷や奴・ゴーヤのツナサラダ・じゃがいものみそ汁

材料（2人分）

- なす………2個（150g）
- サラダ油………大さじ1・1/2
- A ┌ 塩…少々／水…カップ1/4
- 豚ひき肉………150g
- 赤とうがらし………1/2本
- ごま油………大さじ1/2
- B ┌ みそ………大さじ1/2
- │ 酒………大さじ2
- │ 水………大さじ1
- │ 砂糖………小さじ1
- │ かたくり粉………小さじ1
- └ しょうゆ………小さじ2
- しその葉………2〜3枚

作り方

① 赤とうがらしは種をとって小口切りにします。Bは合わせます。

② なすは縦半分にして、1cm幅の斜め切りにします。

③ フライパンになすを入れ、サラダ油をかけてからめてから強火にかけます（こうすると、なす全体に油がまわる）。Aの塩をふって2〜3分いためてから、水を加え、水分がなくなるまでいためます。とり出します。

④ 続いて、ごま油と赤とうがらしを入れて弱火でいため、ひき肉を加えて強火にし、肉をほぐしながら2分ほどよくいため、Bを加え、なすをもどして混ぜます。

⑤ 盛りつけ、しそを細く切ってのせます。

⬇ ぎょうざ

手づくりの楽しさも加わって、
お店に負けないおいしさです

点心

カロリー	1人分：245kcal　1個：41kcal		
調理時間	40分	日もち	焼く前の状態で冷凍で1週間
献立例	きゅうりとほたての中華サラダ・青菜のオイスターあえ		

ひき肉

➡ 羽根つきぎょうざ

パリパリッとした薄い羽根は、
焼きあがりに小麦粉水を加えて
作ります。

＊ 作り方⑤でごま油を加える前に、小麦粉水を加えて1〜2分焼き、薄い膜を作ります。小麦粉大さじ1/2を水カップ1/2でとき、これを焼く回数に分けて使います。

冷凍

焼く前の状態で冷凍。金属のトレーの上に間隔をあけて並べて1度冷凍して、これを保存袋に移せばくっつかない。焼くときは凍ったまま蒸し焼きし始め、弱めの火で2分ほど長めに蒸し焼きする。

材料 (4人分・24個)

豚ひき肉		150g
A	酒	大さじ1
	しょうゆ	大さじ1/2
	しょうが(すりおろす)	小1かけ(5g)
	塩	小さじ1/4
	こしょう	少々
	ごま油	小さじ2
キャベツ(またははくさい)		200g
ねぎ(またはにら)		50g
ぎょうざの皮		1袋(24枚)
サラダ油		小さじ2
ごま油		小さじ1
熱湯		適量

作り方

① キャベツ(またははくさい)は熱湯に入れて30秒ほどゆで、ざるにとってさまします。みじん切りにし、水気をしっかりしぼります。ねぎ(またはにら)はみじん切りにします。

② ボールに、ひき肉、Aを合わせ、なめらかになるまでよく混ぜます。①を加え、さっくりと混ぜます。トレーに移して、皮の枚数に等分しますⓐ。

③ 皮を手の平にのせます。具を中央に置き、縁にぐるりと水をつけますⓑ。ひだを寄せながら、閉じ合わせますⓒ。皮がしめらないうちに焼きます。

④ 2回に分けて焼きます。フライパンにサラダ油小さじ1を広げ、ぎょうざの半量を並べます。熱湯をぎょうざの高さの半分くらいまで加えⓓ、ふたをして強めの中火にかけます。6〜7分蒸し焼きにしますⓔ。

⑤ 水分がほぼなくなったら、ふたをはずして水気をとばし、仕上げに、ごま油小さじ1/2を回し入れますⓕ。

⑥ フライパンをゆすって、ぎょうざを動かし、1つとって焼き色を確認してⓖ火を止めます。残りも同様に焼きます。酢じょうゆなどのたれ(材料外)で食べます。

ポークしゅうまい

かたくり粉をまぶしたたまねぎがやわらかさの秘密です

カロリー	1人分：292kcal　1個：49kcal
調理時間	40分
日もち	冷蔵で翌日、冷凍で1～2週間
献立例	枝豆とたまねぎのサラダ・だいこんスープ

材料（4人分・24個分）

しゅうまいの皮……1袋(24枚)

[肉あん]
- 豚ひき肉……300g
- 干ししいたけ……3個
- たまねぎ…80g／かたくり粉…大さじ2
- 砂糖・しょうゆ……各大さじ1/2
- 酒・水……各大さじ1
- しょうが汁・ごま油……各大さじ1
- 塩…小さじ1/4／こしょう…少々

[つけ合わせ]
- レタス(細切り)……3枚
- にんじん(せん切り)……20g
- かいわれだいこん……1/4パック

練りがらし・しょうゆ……各適量

作り方

① 干ししいたけは水でもどし、みじん切りにします。
② たまねぎはみじん切りにしてボールに入れ、かたくり粉をまぶします。
③ 別のボールに、肉あんの材料すべてを合わせて混ぜます。トレーなどを利用して24等分にします。
④ しゅうまいの皮に肉あんをのせて形づくります。
⑤ 蒸し器の上段にクッキングシート（またはキャベツやレタスの葉）を敷いて④をのせます。蒸気の立ったところに蒸し器をのせ、ふたをして強火で10～12分蒸します。
⑥ つけ合わせの野菜を合わせて盛り、しゅうまいを盛りつけます。からしとしょうゆを添えます。

point 輪にした指に皮をのせ、肉あんを押しこむようにして詰める

point 蒸し器の大きさ次第で2回に分ける。皮底がしめって破れやすくなるので、間をあけずに蒸す

内臓・鴨肉・ラム肉・ソーセージ類の料理

レバーとにんにくの芽のいためもの

レバーは下味をしっかりつけるとおいしく食べられます

内臓 / 豚

カロリー	1人分：268kcal		
調理時間	20分	日もち	当日
献立例	はくさいの甘酢漬け・とうふのみそ汁		

材料（2人分）

- 豚レバー（スライス）……150g
- A
  - 酒……小さじ1
  - しょうゆ……小さじ1
  - しょうが汁……小さじ1/2
- かたくり粉……大さじ1
- にんにくの芽……1束（100g）
- もやし……100g
- ねぎ……1/3本
- サラダ油……大さじ1・1/2
- B
  - 水……カップ1/4
  - 砂糖・豆板醤（トーバンジャン）……各小さじ1
  - オイスターソース・酒・酢……各大さじ1/2
  - しょうゆ……大さじ1
  - 中華スープの素……小さじ1/8
  - かたくり粉……小さじ1

作り方

① レバーは大きければ食べやすく切り、さっと洗って水気をよくふきます。Aを合わせ、レバーをつけて10分ほどおきます。

② にんにくの芽は3〜4cm長さに切ります。もやしは、できればひげ根をとります。ねぎは斜め薄切りにします。Bは合わせます。

③ レバーの汁気をふき、かたくり粉をまぶします。大きめのフライパンに油大さじ1を熱し、レバーをカリッと焼き、とり出します。フライパンの汚れをふきます。

④ 油大さじ1/2をたし、にんにくの芽を強火で1〜2分いためます。油がなじんだら、もやし、ねぎを加えてさっといため、レバーをもどし入れます。Bをもう一度混ぜてから加え、とろみが出るまで混ぜます。

point レバーの調理では水気をきちんととることがきれいに仕上げるコツ

レバーと生揚げのみそいため

体によい栄養素がたくさん詰まっています

カロリー	1人分：318kcal
調理時間	20分
日もち	当日
献立例	だいこんサラダ・ちくわのお吸いもの

材料（2人分）

- 豚レバー（スライス）……150g
- A［酒・しょうゆ……各大さじ1/2
- こまつな……100g
- 生揚げ……1枚(200g)
- しょうが……小1かけ(5g)
- B［
  - みそ……大さじ1
  - 砂糖……大さじ1/2
  - 酒……大さじ1
  - しょうゆ……大さじ1/2
  - 水……大さじ2
- ごま油……大さじ1/2
- いりごま(白)……小さじ1/2
- 七味とうがらし……少々

作り方

① レバーは大きければ食べやすく切り、水でさっと洗います。水気をよくふき、Aに10分ほどつけます。
② こまつなは4〜5cm長さに、しょうがは細切りにします。
③ 生揚げは熱湯をかけて油抜きします。縦半分にして、1cm幅に切ります。
④ Bは合わせます。
⑤ 大きめのフライパンにごま油を熱し、しょうがとレバーを入れます。強めの中火で焼き、焼き色がついたら、生揚げ、こまつなの順に加えていためます。Bを加えて強めの中火で1〜2分いため煮にします。
⑥ 盛りつけて、いりごま、七味とうがらしをふります。

レバーソテー

子どもも食べやすい味です。
レバーはビタミンAや鉄が豊富

内臓

カロリー	1人分：豚レバー210kcal　牛レバー213kcal
調理時間	20分
日もち	当日
献立例	グリーンサラダ・コーンチャウダー

材料（2人分）

豚レバー*（スライス）……150g

A:
- たまねぎ（みじん切り）……20g
- しょうが汁……小さじ1/2
- 酒……大さじ1/2
- ウスターソース……大さじ1・1/2
- トマトケチャップ……大さじ1
- 塩……少々

サラダ油……大さじ1

［つけ合わせ］
- たまねぎ……1/2個（100g）
- ピーマン……2個
- 塩・こしょう……各少々

＊牛レバーでも。

作り方

① レバーは大きければ食べやすく切り、さっと水洗いして水気をよくふきます。Aにつけて10分ほどおきます。

② つけ合わせのたまねぎは7〜8mm厚さの半月切りにし、ピーマンは食べやすく切ります。

③ フライパンに油大さじ1/2を熱して、②をいため、塩、こしょうをふって、とり出します。

④ 油大さじ1/2をたしてレバーを中火で焼きます。両面焼けたらAの調味液をかけ、からめます。

砂肝とごぼうのしぐれ煮

多めに作って常備菜にも

カロリー	1人分：砂肝79kcal　とりレバー92kcal
調理時間	20分
日もち	冷蔵で3日
献立例	あじの塩焼き・キャベツとみつばのおひたし・しめじのみそ汁

材料（2人分）

- とり砂肝＊ …… 100g
- ごぼう …… 50g
- しょうが …… 1/2かけ（5g）
- 砂糖 …… 大さじ1/4
- 水 …… 大さじ3
- しょうゆ …… 大さじ1
- 酒 …… 大さじ1/2
- みりん …… 大さじ1/2

＊とりのレバーでも作れます。

作り方

① 砂肝は白い膜をそぎとり、大きいものは半分に切ります。熱湯でさっと色が変わる程度にゆでて、水気をきります。

② ごぼうは皮をこそげ、3cm長さに切ってから縦半分に切ります。しょうがはみじん切りにします。

③ 鍋に材料を全部入れて火にかけます。沸とうしたら中火にし、汁気がなくなるまで6～7分煮ます（ふたはなし）。

point
砂肝はとりの筋胃。2つを切り離し、周囲の白い膜をそぎとるかはがす

内臓など・鴨肉

もつ煮 すじ煮こみ

お酒の友。豚もつのレシピですが、同様に（牛）すじ煮こみが作れます

カロリー	1人分：もつ煮226kcal　すじ煮こみ220kcal
調理時間	もつ煮60分　すじ煮こみ150分　**日もち** 冷蔵で翌日
献立例	いかの丸焼き・長いもとりんごのナムル(p28)・だいこんの香味漬け

材料（2人分）

- 豚もつ＊（ゆでたもの）…200g
- こんにゃく……1/2枚（100g）
- だいこん＊＊……100g
- にんじん……50g
- しょうが（薄切り）……1かけ（10g）
- 万能ねぎ（小口切り）……2本
- A
  - 水……カップ2・1/2
  - 中華スープの素……小さじ2
- B
  - 砂糖……大さじ1
  - みそ……大さじ1・1/2
  - 酒……大さじ3
- しょうゆ……小さじ1
- 七味とうがらし……少々

＊もつは豚の腸を下ゆでしたものが売られています（写真左）。牛すじ（生・写真右）でも作れます。すじはいろいろな部位の腱や筋膜。

＊＊だいこんとにんじんを、ごぼう100gに代えても。

作り方

1. もつはさっと洗い、熱湯で2分ほどゆでて、ざるにとります。（牛すじで作る場合は、下ゆでを1時間半くらいかけてやわらかくする）
2. こんにゃくはひと口大にちぎって、さっとゆでます。だいこんとにんじんは7～8mm厚さのいちょう切りにします。
3. 鍋にA、しょうが、もつを入れてふたをずらしてのせ、中火で20分ほど煮ます。
4. ②とBを加え、さらに30分煮ます。途中煮汁が少なくなったら、水をたします。
5. 最後にしょうゆを加えます。器に盛りつけて、ねぎを散らし、七味をふります。

point もつに白い脂肪がたくさんついている場合は、アクが出るのでとり除く

鴨のオレンジソース

相性のよい組み合わせで、フランス料理風

カロリー	1人分：402kcal		
調理時間	30分	日もち	当日
献立例	カリフラワーのサラダ・きぬさやのコンソメスープ・りんごのシャーベット		

材料（2人分）

- 合鴨むね肉＊（ロース・かたまり） ………… 200g
- A ┌ 塩・こしょう ………… 各少々
- オレンジ ………… 2個
- B ┌ オレンジのしぼり汁 ……… 150ml
  │ 白ワイン ………… 大さじ1
  │ スープの素 ………… 小さじ1
  └ バター ………… 10g
- グリーンアスパラガス ……… 2本
- サラダ油 ………… 小さじ1/2

＊合鴨は真鴨とアヒルからの改良種。やわらかく美味なむね肉がロースとして売られています。うま味でもある脂身を適度にとるとおいしく食べられます。

作り方

① アスパラガスは根元のかたい皮をむき、縦半分に切って5cm長さの斜め切りにします。
② オレンジは薄い輪切りを3枚とり、皮をむいて半分に切ります。残りは汁をしぼります。
③ 肉の皮側に1cm間隔くらいで切り目を入れます。Aをふります。
④ フライパンに油を熱してアスパラをいため、水少々を加えて火を通してとり出します。
⑤ 続いて、肉を皮側から入れ、弱火で約5分焼き、裏も1〜2分焼きます。Bを加えて弱火で7分ほど煮ます。肉をとり出し、薄切りにします。
⑥ 煮汁はとろみがつくまで煮つめ、砂糖、こしょう各少々（材料外）で味をととのえます。
⑦ 肉を盛りつけます。オレンジとアスパラを煮汁にひたしてから盛りつけ、煮汁をかけます。

point
皮が厚いため、火通りや味の含みがよいように竹串で刺す、切り目を入れるなどする

point
皮から脂が出てくるので、ふきとりながら焼く

鴨の治部煮

かたくり粉をつけて、とろんとやわらかく煮ます

材料（2人分）
- 合鴨むね肉（ロース・かたまり）……100g
  - かたくり粉……大さじ1
- 菜の花…1/4束(50g)／しいたけ…2個
- 生麩（梅）……50g
- 練りわさび……小さじ1/2

[煮汁]
- だし…カップ1／砂糖…大さじ1/2
- 酒・しょうゆ…各大さじ1

作り方
① 菜の花はゆでて水気をしぼり、3cm長さに切ります。しいたけは軸をとり、笠に飾り切りを入れます。生麩は6つに切ります。
② 鍋に煮汁を煮立て、しいたけ、生麩を煮て、とり出します。
③ 肉は5mm厚さに切り、かたくり粉をまぶします。②の汁で2～3分煮ます。
④ ②、③、菜の花を盛り合わせ、汁をかけ、わさびをのせます。

カロリー	1人分：251kcal		
調理時間	20分	日もち	当日
献立例	うどの酢みそ・みつばのすまし汁		

鴨の焼き漬け

鴨肉は火を通しすぎないのがパサつかず、おいしく食べるコツ

材料（2人分）
- 合鴨むね肉（ロース・かたまり）……200g
- A
  - みりん……大さじ3
  - 酒……大さじ2
  - しょうゆ……大さじ1

[甘酢れんこん]
- れんこん……50g
- B
  - 砂糖……大さじ2/3
  - 酢……大さじ1・1/2
  - だし……大さじ1

作り方
① 鍋にAを合わせてひと煮立ちさせ、ボールに移します。
② 肉は皮に約5mm幅の切りこみを入れます。グリルを温め、中火で両面を4～5分ずつ焼きます。①につけ、30分以上おきます。
③ れんこんは薄切りにし、水にさらして水気をきります。小鍋にBとれんこんを入れて、中火で1～2分煮ます。
④ 肉を薄切りにして盛りつけます。つけ汁を少し煮つめて肉にかけます。③を添えます。

カロリー	1人分：365kcal		
調理時間	50分	日もち	冷蔵で翌日
献立例	せりのくるみあえ・湯どうふ		

鴨とみず菜のはりはり鍋

はりはりした歯ざわりのみず菜と、コクのある鴨肉がよく合います

カロリー	1人分：477kcal	日もち	当日
調理時間	10分		
献立例	じゃがいもの梅いため・ごまどうふ		

材料（4人分）

[煮汁]
- だし……1.2ℓ
- A
  - 酒……大さじ3
  - うすくちしょうゆ……大さじ2
  - 塩……小さじ1

[具]
- 合鴨むね肉（ロース・かたまり）……300g
- みず菜……1束（200g）
- 油揚げ……大2枚（100g）
- もち（丸でも角でも）……4切れ

作り方

① 肉は3〜4mm厚さの薄切りにします（冷凍品は半解凍にすると切りやすい）。

② 油揚げは熱湯をかけて油を抜き、1.5cm幅に切ります。みず菜は5〜6cm長さに切ります。もちは焼きます。

③ 土鍋などにだしとAを入れて煮立て、中火にして、肉と②の材料を適宜入れます。火が通ったところから、汁と一緒に食べます。

ラムチョップの和風グリル焼き

グリルで香ばしく焼いて、独特なにおいも気になりません

カロリー	1人分：194kcal
調理時間	30分
日もち	冷蔵で翌日
献立例	アスパラガスとエリンギのいためもの・さといものみそ汁

材料（2人分）

- ラムチョップ……4本(200g)
- 塩・こしょう……各少々
- A
  - 練りわさび……小さじ1
  - しょうゆ……大さじ1
  - 酢……大さじ1
- ［つけ合わせ］
  - サニーレタス……1/8株
  - 紫たまねぎ……1/4個

作り方

1. ラムチョップの両面に塩、こしょうをふります。
2. Aは合わせます。大さじ1/2を肉にかけ、時々返しながら15〜20分おきます。残りのAはドレッシングとしてとりおきます。
3. サニーレタスはひと口大に切ります。たまねぎは薄切りにし、水にさらして水気をきります。
4. グリルを温め、肉を中火で両面を5分くらいずつ焼きます。
5. 肉と野菜を盛ります。野菜にAをかけます。

* ラムは生後1年未満の子羊の肉。やわらかく、くさみが少ないのが特徴です。ラムチョップは肋骨がついた形状のロース肉。

point 脂身が多く気になる場合は、少し切り落とす

point 1本100gくらいの大きな肉の場合、脂身と赤身の間の筋をところどころ切って縮まないようにする

ラムチョップのバーベキュー味ソテー

こげやすいので、表面だけ焼き、仕上げはレンジで

カロリー	1人分：390kcal	日もち	冷蔵で翌日
調理時間	40分		
献立例	紫たまねぎのサラダ・コンソメスープ		

材料 (2人分)

- ラムチョップ……4本(200g)
- A
  - にんにく……小1/2片(3g)
  - しょうゆ……大さじ1
  - 白ワイン……大さじ1
  - トマトケチャップ……大さじ1
  - ウスターソース……大さじ1
  - こしょう(黒)……少々
- サラダ油……大さじ1/2
- [つけ合わせ]
  - ミニトマト……6〜8個
  - 冷凍フライドポテト……1/2袋(150g)
  - サラダ油……大さじ1
  - 塩・こしょう……各少々
  - クレソン……1/2束

作り方

① にんにくはすりおろし、Aを合わせます。ラムチョップをAにつけ、20〜30分おきます。

② ミニトマトは半分に切ります。クレソンは食べやすくちぎります。

③ フライパンに油大さじ1を熱してポテトをカリッとするまで中火でいため、塩、こしょうで調味して、とり出します。

④ 続いて油大さじ1/2を熱し、肉を汁気をきって入れ、強めの中火で表面に焼き色をつけます。

⑤ 肉を耐熱皿などにとります。ミニトマトものせて肉のつけ汁をかけ、ラップをして電子レンジで約1分30秒加熱して、中まで火を通します。ポテト、クレソンと一緒に盛りつけます。

フランクフルトと豆のポトフ

コンソメ味の煮こみはソーセージ料理の定番

カロリー	1人分：275kcal		
調理時間	20分	日もち	冷蔵で翌日
献立例	白身魚のパン粉焼き・かぶときゅうりのピクルス		

材料（2人分）

- フランクフルトソーセージ＊ ……… 2本（100g）
- 白いんげん豆（水煮） ……… 中1/2缶（約75g）
- キャベツ ……… 200g
- たまねぎ ……… 1/2個（100g）
- にんじん ……… 100g
- スナップえんどう ……… 6個（30g）
- A
  - 水 ……… 600ml
  - 固形スープの素 ……… 1個
  - ローリエ ……… 1枚
- 塩 ……… 小さじ1/3
- こしょう ……… 少々
- （好みで）粒マスタード … 小さじ1

＊ウィンナーソーセージ4本でも。

作り方

1. キャベツ、たまねぎは芯をつけて2等分に切ります。にんじんは4つに切ります。
2. ソーセージは斜めに5～6本切り目を入れます。
3. 鍋にスナップえんどう以外の野菜と、豆、ソーセージ、Aを入れ、ふたをして煮立てます。弱めの中火にして12～13分、野菜がやわらかくなるまで煮ます。
4. スナップえんどうは筋をとり、鍋に加えて2～3分煮、塩、こしょうで味をととのえます。好みでマスタードを添えます。

ウィンナーとポテトのミルク煮

仕上げにチーズをのせて焼きあげます

カロリー	1人分：444kcal		
調理時間	20分	日もち	冷蔵で翌日
献立例	ポーチドエッグ野菜添え・にんじんサラダ		

材料（2人分）

- ウィンナーソーセージ……5本
- じゃがいも……2個（300g）
- たまねぎ……1/2個（100g）
- 牛乳……カップ1
- 塩……小さじ1/4
- こしょう……少々
- バター……15g
- ピザ用チーズ……40g

作り方

① じゃがいもは皮をむいて4つ割りにし、水にさらして水気をきります。たまねぎは薄切りにします。ウィンナーは斜め半分に切ります。
② 鍋に①を入れ、牛乳を加えます。ふたをずらしてのせ、弱火で、ふきこぼれないように10分ほど煮ます。塩、こしょうで調味します。
③ 耐熱皿に移してバターをちぎってのせ、チーズを散らします。オーブントースターで、チーズが溶ける程度に焼きます（オーブンなら220℃で7～8分）。

ソーセージのタンドリー風

つまみにも朝食にも。すぐ作れます

カロリー	1人分：307kcal		
調理時間	25分	日もち	冷蔵で翌日
献立例	ほうれんそうのサラダ・グレープフルーツ		

材料（2人分）

- フランクフルトソーセージ＊……4本（160g）
- たまねぎ……1/2個（100g）
- サラダ油……大さじ1/2
- A
  - プレーンヨーグルト……大さじ2
  - トマトケチャップ……大さじ1/2
  - カレー粉……小さじ1
  - しょうゆ……小さじ1
  - こしょう……少々

＊ウィンナーソーセージでも。

作り方

① たまねぎは2cm大くらいに切り、ソーセージは約1cm厚さの斜め切りにします。
② Aを合わせ、約1/3量をたまねぎに、残りをソーセージにからめて1～2分おきます。
③ フライパンに油を熱し、たまねぎを軽くいためて皿にとります。続いてソーセージを両面焼きます（汁はねしやすいので、ふたでカバーしながら焼くとよい）。

オープンオムレツ

朝食にもってこい。
野菜は全部そろわなくてもOK

材料（2人分）
- 卵……2個
- A〔牛乳……大さじ2／塩・こしょう……各少々〕
- ウィンナーソーセージ……2本
- じゃがいも……1/2個（70g）／たまねぎ……1/8個（25g）
- グリーンアスパラガス……2本
- ピーマン（緑または赤）……1個（40g）
- バター……10g

＊直径20cm程度の小ぶりなフライパンで焼きます。

作り方
① じゃがいもは薄いいちょう切りに、アスパラは4つに切り、並べて皿に広げ、ラップをして電子レンジで約2分加熱します。
② ウィンナーは5mm厚さに切り、たまねぎとピーマンも同じくらいに切ります。これらと①のじゃがいもを、バター5gでいためます。
③ 卵をほぐしてAと②を混ぜます。
④ フライパンにバター5gを溶かして卵液を流し入れ、箸で混ぜます。半熟になったらアスパラガスをのせ、ふたをして1〜2分焼き、裏返して軽く焼きます。

カロリー	1人分：209kcal		
調理時間	10分	日もち	当日
献立例	豆サラダ・フルーツヨーグルト		

生ハムとマスカルポーネのパスタ

イタリアンな素材で、かんたんパスタ

材料（2人分）
- フェットチーネ（パスタ）……150g
- A〔マスカルポーネ＊……100g／牛乳……大さじ2〕
- たまねぎ……1/2個（100g）
- オリーブ油……大さじ1/2
- 塩、こしょう……各少々／生ハム……50g
- ルッコラ……30g／レモン……1/4個

＊フレッシュタイプのチーズで、塩味や酸味のクセがなくまろやか。代わりに生クリーム100mlでも。

作り方
① フェットチーネは、2ℓの湯に塩大さじ2を加えて、表示のとおりにゆでます。
② たまねぎは薄切りに、生ハム、ルッコラは食べやすい大きさに切ります。
③ フライパンに油を熱し、たまねぎをいためて塩、こしょうをふります。Aを加えてひと煮立ちしたら火を止めます。
④ ③で①をあえて盛りつけ、生ハム、ルッコラをのせ、レモンを添えます。

カロリー	1人分：573kcal		
調理時間	20分	日もち	当日
献立例	ラタトゥイユ（p42）		

ベーコン巻きアスパラフリット

長い形を生かし、味の相性もよい素材で

カロリー	1人分：288kcal		
調理時間	20分	日もち	当日
献立例	たいのカルパッチョ・キャベツのパスタ		

材料 （2人分）

グリーンアスパラガス	太め4本(120g)
ベーコン（薄めのもの）	4枚
こしょう	少々
ミニトマト	4個
A ┌ 小麦粉	大さじ4
├ ビール（冷やす）	60ml
└ 粉チーズ	大さじ1/2
揚げ油	適量
レモン	1/4個

作り方

① アスパラガスは根元のかたい皮をむき、ベーコン1枚ずつで巻いて、こしょうをふります。ミニトマトはへたをとります。
② Aの材料を、ダマがないように混ぜます。
③ 揚げ油を中温（約160℃）に熱します。トマト、アスパラガスの順に、②の衣をつけて揚げます。
④ アスパラガスを半分に切ってトマトと一緒に盛りつけ、レモンを添えます。

ベーコン巻きプラム

ワインに合う甘酸っぱいおつまみ

カロリー	1人分：123kcal		
調理時間	20分	日もち	冷蔵で翌日
献立例	牛肉のたたき(p46)・ピザ・グリーンサラダ		

材料 （2人分・8個分）

プルーン	8個
ラム酒（またはブランデー）	大さじ1
ベーコン	2枚
ようじ	8本
イタリアンパセリなど	少々

作り方

① プルーンにラム酒をふりかけて10分ほどおきます。
② ベーコンを縦横半分に4つに切ります。プルーン1個ずつに巻き、端をようじで縫いとめます。
③ フライパンにサラダ油少々（材料外）を熱し、②を焼きます。ようじを抜いて盛りつけ、イタリアンパセリなどを添えます。

と スープのとり方

スープストック（フランス語ではブイヨン）は和食のだしにあたり、洋風、中国風料理の味のベースになります。肉、魚、香味野菜などで本格的に作るにはとても時間がかかります。ここでは、家庭で作れるかんたんなスープ（ストック）のとり方を、3つの材料でご紹介します。

とり手羽先、とりがら、牛すね肉のいずれかをベースにし、洋風料理用なら［A］の、中国・韓国料理用なら［B］の香味野菜でスープをとります。

とり手羽先

とりがら

牛すね肉

材料 500〜600ml分

[以下のいずれか1つ]
- とり手羽先……………………250g
- とりがら………………………150g
- 牛すね肉………………………200g

[水量] 水……………………1ℓ〜

[A：洋風香味野菜]
- たまねぎ(薄切り)……………1/4個(50g)
- にんじん(薄切り)……………50g
- ローリエ………………………1枚

[B：中国・韓国風香味野菜]
- しょうが(薄切り)……………1かけ(10g)
- ねぎの緑色部分………………1本分

[A]    [B]

＊香味野菜はさらに加えても。洋風は、セロリの小枝やパセリの茎、ローズマリーなどのハーブ類。中国・韓国風は、にんにく、たまねぎなど。

🔽 とり手羽先のスープストック
あっさり味。うす味の煮もの、汁ものに

① 関節部分と骨の間に切りこみを入れて、うま味が出やすいようにします。
② 煮る前に下ゆでします。たっぷりの湯をわかして肉を入れ、色が変わったらとり出します。
③ 鍋に水1ℓ、手羽先、香味野菜を入れて強火にかけます。くさみがこもらないようにふたはしないで煮ます。沸とうしたら、アクをすくいます。
④ 弱火で約30分煮ます。アクや脂が出てきたらまめにすくいとります。半量くらいになったら火を止めます。
⑤ ざるに厚手のペーパータオルを敷いて、スープストックをこします。
* 保存する場合はさめてからペットボトルや保存容器に入れて冷蔵保存し、2〜3日で使いきります（手羽先の肉は汁の具やサラダに使える）。

🔽 とりがらのスープストック
コクがある味。めんのつゆ、煮こみ料理、汁ものに

① とりがらは、水で洗って血や汚れをきれいにとります。
② 骨と骨の間に包丁の刃元を当てて押し、2〜3つに切ります（手でも折れる）。
③ 下ゆでしてから煮ます。手羽先の②〜⑤と同様ですが、④の煮る時間が1時間くらいなので2ℓの水で煮始めます。

🔽 牛すね肉のスープストック
牛肉のうま味。濃い味の煮こみ料理、韓国冷麺のつゆや汁ものに

① すね肉は4〜5cm角に切り、下ゆでしてから煮ます。手羽先の②〜⑤と同様ですが、④の煮る時間が1時間半くらいなので、2ℓの水で煮始めます。
* 肉は味つけして煮たり、いためものに加えたりできます。

肉の保存のコツ

肉は冷蔵や冷凍がきくので助かります。ムダなく使うために、保存のコツを覚えましょう。

＊加熱した場合の日もちは、各ページをごらんください。

⬇冷蔵保存のポイント

冷蔵はパックの消費期限に従う
一般に牛肉や豚肉は2～3日、とり肉は翌日くらいがめやすで、細かく切った肉ほどもちが悪くなります。表示の消費期限に従い、できればチルドルームで保存すればよりよいでしょう。

ドリップはふきとる
肉から出るドリップ（汁）は、においがあっていたみの原因にもなるので、ドリップの出ていない肉を求めます。また、吸収シートがついていても、ドリップが多いようなら、ペーパーでふきとってから、ラップで密閉して冷蔵します。

みそ漬け、塩漬けで防腐性が高まる
みそ漬け（→p30）や塩漬け（→p58）にすると、生のままより防腐性が高まり、少しもちがよくなります。

⬇冷凍保存のコツ

小分けにして、密閉する
買ってきたパックのまま冷凍しがちですが、密閉したほうが酸化や乾燥による劣化を防げます。小分けしてからラップなどで密閉し、さらに冷凍保存袋に入れます。

薄く平らにする
形を薄く均一にして冷凍すると早く凍るために鮮度が保て、解凍もスムーズにできます。金属のトレーにのせると早く凍るので、固まったらトレーをはずします。

＜少量の弁当用におすすめ＞
薄切り肉を1枚ずつ小さくまとめてラップにはさんで冷凍。使う分を冷蔵庫に移して解凍。

2週間以内をめやすに使う

冷凍するときに日付と重量のメモをつけておき、ムダなく使いきりましょう。
生肉はなるべく2週間以内、加熱したものは、料理によって異なりますが4週間以内をめやすに食べきります。変色やいやなにおいがないか確認してから使います。

冷蔵庫に移してゆっくり解凍

夜使うなら朝、冷凍した肉を冷蔵庫に移し、ゆっくり解凍し、半解凍くらいで使いましょう。解凍しすぎるとドリップが出てきてうま味が逃げます。電子レンジ解凍は、肉の端だけが煮えがちなので加熱しすぎないように注意します。

電子レンジで解凍すると肉の端だけが煮えがち

ひき肉はいたみやすい

ひき肉はいたみやすいため冷凍は不向きです。やむをえずという場合は、ラップに薄く平らに密閉して保存袋に入れます。1週間くらいをめやすに、早め早めに使いましょう。

ひき肉は加熱して冷凍がおすすめ

加熱調理したひき肉なら、冷凍保存できて便利に使えます。使いやすい量に小分けしておきます。ミートソース、肉みそなどをまとめて袋に密閉するなら、筋をつけて冷凍すると、割って使えます。金属トレーの上にのせて急速に凍らせるとよいでしょう。

ベーコンは小分けしておく

薄切りのベーコンは1枚ずつとり出せる状態で冷凍しておくと便利です。ソーセージやハムも冷凍できますが、商品によっては解凍で味が落ちるものもあります。

カロリーダウンの6つのコツ

健康上カロリーを減らしたい方のために、肉料理のカロリーダウン方法をまとめました。
油脂分が減るので、ジューシーさやコクといったうま味が減ってしまう場合もあります。そんなときは、だしやスープ、調味料、香辛料などをきかせて、味をカバーするとよいでしょう。

① 脂肪の少ない部位を選ぶ

脂肪がある部位を避け、赤身の肉にします。もも肉やヒレ肉のほうが、ばら肉やロース肉に比べて低カロリー。焼き肉なら、脂身の多いカルビより、もも肉を多くすればカロリーダウンになります。とんカツはロースよりヒレ、しょうが焼きはロースよりもも肉で作ります。この場合、牛豚肉のももやヒレは、加熱しすぎてかたくならないように気をつけます。ちなみに「高たんぱく低脂肪の肉」といえば、牛豚のヒレ肉ととりささみが代表。

牛肩ロース	牛もも	豚肩ロース	豚もも
100g＝318kcal	100g＝209kcal	100g＝253kcal	100g＝183kcal

とりもも	とりむね	ささみ
100g＝200kcal	100g＝191kcal	100g＝105kcal

同じ100kcalあたりの肉の量を比べてみると・・・

豚肉の部位なら
ばら 26g　ロース 38g　ヒレ 87g

カロリー 多め　少なめ

カロリー 多め　少なめ

カロリー 多め　少なめ

②肉の脂肪を切りとる

豚・牛
ロースのとんカツ肉は、外側の脂身を切り落とせばカロリーダウンになります。ほかの部位でも同様ですが、薄切り肉などはばらばらにならないように気をつけます。豚の脂身10gを除くと約74kcalのカロリー減になります。

とり肉
皮をめくるようにして、黄色っぽい脂肪を除きます。皮も脂肪が多いので除けばカロリーダウンに＊。ですが、うま味もかなり減ります。皮つきで調理したあとで皮を除くのも一法です。とりの手羽先の先端は肉がほとんどなくて脂肪が多いため、切り落として手羽中だけにするとカロリー減になります。

＊もも、むね肉100gでみると、皮なしだと約80kcal低くなります。

脂肪や皮の有無によるカロリー差　100gあたりのエネルギー　単位：kcal

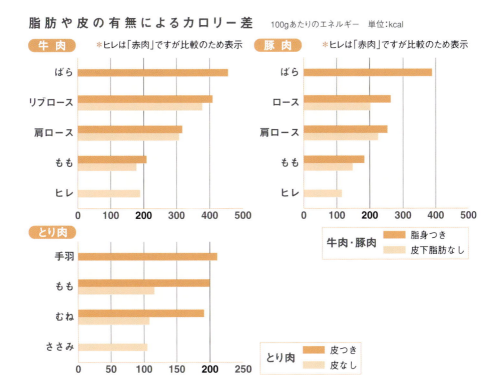

③油を使わない調理にする

ゆでる、煮る、蒸す(電子レンジ)、グリル焼きの料理なら、油を使いませんし、減らせる場合も。

たとえば、薄切りの豚ばら肉は焼いて食べるよりも、しゃぶしゃぶにしたほうが低カロリー。油を使わないばかりか、湯には肉の脂が落ちます。ぽん酢しょうゆなどノンオイルのたれで食べれば、かなり低カロリーな料理になります。

蒸し煮や電子レンジで蒸す料理は、油なしで作れます。

グリル焼きは油を使わず、しかも肉の脂が適度に落ちます。ただし、乾燥しやすいため、脂肪がある肉のほうがパサつかず、おいしく焼けます。

④調理の油を減らす

フッ素樹脂加工の鍋を使う

油の1gは約9kcal。たんぱく質や炭水化物が約4kcalなのに比べると高カロリーです。まず、調理に使う油は使いすぎないのが原則。さらに、フッ素樹脂加工の鍋だとくっつきにくいので、ひく油の量を減らせます。フライパンなら、鉄製に比べて約半分の油ですみます(大さじ1なら→大さじ1/2に＝120kcal→60kcal)。

カロリー 多め　　少なめ

衣を薄くする

揚げものは衣が油を吸うため、薄い衣なら油量を減らせます。小麦粉やパン粉をつけたら、軽くはたいて余分な粉をはらい落とします。パン粉は細かいほうが薄くつきます。事前に小麦粉やパン粉をはかっておくと、つけすぎ防止になりムダがありません。

カロリー 多め　　少なめ

⑤ 調理中に出る脂を除く

下ゆでして脂を落とす
脂が多い肉は、調理の前にさっと熱湯を通すと、肉の表面の余分な脂がとれて、味の含みもよく、カロリーダウンになります。

脂をふきとる
フライパンで肉を焼くと脂が出てきます。この脂をペーパーでふきとると、カロリーダウンになります。そのうえ、ベタつかずカラリと焼けます。
豚ばら肉やベーコンなど脂の多い肉や、皮つきのとり肉なら、油をひかなくても焼けます。焼いている間に出る脂をペーパーでふきとります。焼けた脂身や皮はカリッとしておいしいものです。

脂をすくいとる
肉を煮ると、血などが固まってアクとなり、浮き上がります。このとき脂も浮いてくるので一緒にすくいとります。油で焼いてから煮る場合はその油も浮いてくるので、一緒に除きます。

⑥ 野菜をたっぷり合わせる

脂肪の多いものと炭水化物を一緒にとると、別にとる場合よりも脂肪が蓄積されやすいという研究結果があります。肉も低カロリーの野菜とたっぷり一緒に食べるようにすれば、炭水化物のとりすぎを防ぎ、結果的にカロリーダウンに。また、野菜に多い食物繊維は余分な脂肪の排出を促してくれます。

野菜と一緒に作る料理に
家庭で作る焼き肉なら、野菜も一緒にたっぷり焼きましょう。グリルで肉を焼くなら、野菜もプラスして一緒に焼いて。肉野菜いためのような料理は、野菜を増やせば肉の量も減らせます。ハンバーグも、生地にねぎやきのこを加えて肉を減量できます。

野菜をたっぷりつけ合わせる
ステーキは野菜サラダと盛り合わせたり、とんカツにはキャベツなどをたっぷりつけ合わせましょう。ゆで野菜にすれば、さらにたくさん食べられます。このときドレッシングのカロリーにもご注意。
つけ合わせ以外にも、副菜として野菜や海藻をとり入れ、バランスのよい食事を心がけましょう。

料理研究	ベターホーム協会
	（内海知子・浜村ゆみ子）
撮　　影	大井一範
撮影協力	岡本真直・対馬一次・中里一曉・
	松島均・松本祥孝
スタイリング協力	青野康子
装　　画	平野恵理子
文中イラスト	としなり ゆき
ブックデザイン	熊澤正人・尾形忍（パワーハウス）
校　　正	ペーパーハウス

実用料理シリーズ

ベターホームの肉料理

初版発行　2008年 10月 1日
　5刷　2018年　4月20日

編集・発行　ベターホーム協会

　　〒150-8363
　　東京都渋谷区渋谷 1-15-12
　　〈編集〉Tel. 03-3407-0471
　　〈出版営業〉Tel. 03-3407-4871
　　http://www.betterhome.jp

ISBN978-4-86586-010-8
乱丁・落丁はお取替えします。本書の無断転載を禁じます。
© The Better Home Association,2008,Printed in Japan